운명에 만약은 없다

명리학의 대가 방산선생의
촌철살인 운명해법

⋮

운명에
만약은 없다

방산(芳山) 노상진 지음

쌤앤
파커스

차
례

추천의 글 1
운이 있는 사람은 운명이 알려주는 대로 최선을 다합니다
_하충식(한마음국제의료재단 이사장)   … 008

추천의 글 2
운명론을 이해하면 위기에 대응하는 마음가짐을 알게 됩니다
_염용표(법무법인(유) 율촌 송무부문장 변호사)   … 011

추천의 글 3
정해진 운명은 어떻게 알 수 있는가_이영돈 PD   … 014

프롤로그
사주 명리는 세상과 나의 밀월 관계   … 018

1
Chapter

정해진 운명이 있어서 천만다행이다

주식도 인생도 시드 머니가 좌우   … 026
방산선생의 틈새 명리 주식과 사주 명리의 함수 관계   … 035
내 인생은 왜 이럴까   … 036
운명의 본질은 시간 속에 있다   … 043
좋은 운명과 나쁜 운명은 나눌 수 없다   … 048
인간이 가진 자유의지의 치명적 결함   … 053
방산선생의 틈새 명리 10명 가운데 한 명은 이름과 생년월일이 동일 … 059

2
Chapter

정해진 운명을 어떻게 살 것인가

타고난 본질과 도구를 찾아라 · · · 064

개운은 운명을 바꾼다는 의미가 아니다 · · · 067

도화살에도 복덕이 쌓여 대운을 만나면
남보다 많은 행운을 누리기도 한다 · · · 074

노력은 왜 해야 할까 · · · 080

좋은 사주를 택해 제왕절개로 태어난다면? · · · 087

결혼으로 내 운명이 바뀔까? · · · 092

시위를 떠난 화살은 돌아올 수 없다 · · · 098

방산선생의 틈새 명리 육신 · · · 102

3
Chapter

운명의 가장 큰 축, 사주

서양의 심리학, 동양의 사주 명리학 · · · 106

사주 명리는 취미도 점술도 아닌 실용 방법론 · · · 110

연월일시 사주의 의미 · · · 114

방산선생의 틈새 명리 천간과 지지가 만드는 육십갑자 · · · 118

사주 명리의 역할은 안심입명(安心立命)이다 · · · 120

방산선생의 틈새 명리 오행의 상생상극 · · · 127

오행이 없으면 어떻게 살아야 하나 · · · 130

태어날 때 받은 세 가지 비단주머니 · · · 139

후천적 변수는 어디에서 생기나 · · · 146

방산선생의 틈새 명리 오행에 의미를 더하는 조후 · · · 156

4
Chapter

사주와 관상은 따로가 아닌 하나

사주와 관상을 동시에 봐야 하는 이유 ··· 160

관상과 인상은 다르다 ··· 166

최고의 관상은 자연 그대로의 조화를 보여준다 ··· 175

방산선생의 틈새 명리 당대 최고 관상을 지닌 워렌 버핏 ··· 181

얼굴 4인방, 귀 눈 코 입 ··· 184

성형은 기운을 돋우는 역할이다 ··· 193

운명을 바꿀 수도 없는데 관상은 왜 보는가 ··· 199

사주 명리, 관상, 풍수까지 하나로 보기 ··· 207

방산선생의 틈새 명리 오행과 방위, 그리고 컬러 ··· 221

5
Chapter

명리의 사고방식으로 세상과 마주하기

부부 _ 내 눈에 든 들보는 안 보이고
남의 눈에 든 티끌만 탓한다 ··· 224

방산선생의 틈새 명리 속궁합 겉궁합 ··· 231

자녀교육 _ 부모 자식 간에는 그런 게 있다 ··· 233

진로 _ 공부 잘한다고 돈 잘 버는 것은 아니다 ··· 240

친구나 동료 _ 싸우는 사람하고만 싸우게 되는 이유 ··· 244

재테크 _ 수익 내는 사람과 손해 보는 사람 ··· 249

격물치지 _ 직관력을 키워라 ··· 257

방산선생의 틈새 명리 꿈은 어떤 의미 ··· 260

6
Chapter

나의 스승 제산선생

사주의 신이라 불린 부산 박도사 ··· 264

스승의 그림자를 따르며 가는 명리 학자의 길 ··· 267

한보그룹의 부도를 예견한 제산선생 ··· 270

제산선생의 신통력이 세상에 알려진 10.26사건 ··· 272

기업경영의 난제를 풀어준 제산선생 ··· 275

제산선생이 사주의 신(神)인 이유 ··· 277

방산선생의 틈새 명리 종교 ··· 282

에필로그
내가 이 세상에 온 이유 ··· 284

운이 있는 사람은 운명이 알려주는대로 최선을 다합니다

1994년 처음 병원을 열었습니다. 병상 3개인 작은 산부인과였죠. 이후 29년의 세월이 흘러 우리 병원은 단일 병원으로는 한강 이남 최대 규모의 '창원한마음병원'이라는 종합병원으로 발돋움했습니다. 가용병상 1,008개, 1,400명의 임직원, 4만 평 규모의 명실상부한 지역 의료 중심이 되기까지 정말 운이 좋았다고 생각합니다.

열심히만 해서는 이런 결과가 오지 않았을 것입니다. 열심히 하는 것은 성공의 필요조건이지 충분조건이 아님을 살아보고 성공해보니 알게 되었습니다. 성공에는 노력이라는 필요조건에 운(運)이라는 충분조건이 더해져야 가능한 것입니다.

의대 졸업하고 막 개업했을 때 제산선생께 운을 보러 갔다가 "만석꾼은 되겠네," 라는 말을 들었습니다. 그때는 동네에서 조그만 산부인과를 하고 있는데 만석꾼이 무슨 소린가, 하고 생각했지요. 지금 생각해 보니 만석꾼이라는 게 한 고을의 부자를 의미했고, 지금 창원한마음병원의 위상을 생각하면 그 정도는 된 것 같습니다. 운명을 어찌 안 믿겠습니까.

제 인생에서 가장 큰 운은 아내를 잘 만난 것입니다. 소아과의사인 아내가 함께 해주었기에 여기까지 올 수 있었지요. 인연 가운데 가장 강력한 인연이 부부인연이고, 그 인연의 결실로 자녀를 보게 됩니다. 그러니 아내와 부부의 인연을 맺은 것이 가장 크고 강력한 운명의 작용이라 생각합니다.

또한 어려울 때마다 희한하게 일이 잘 풀리기도 했습니다. 고비마다 '희한하게 잘 풀리도록' 조언을 아끼지 않은 인물이 있었습니다. 만석꾼이 될 거라고 하셨던 제산선생이 돌아가시고, 그분의 마지막 수제자인 방산선생과 많은 의논을 했습니다. 방산선생은 눈앞에 놓인 난제를 현명하게 풀어나가도록 운명적 힌트를 주었지요. 오랜 공부에서 나오는 지혜와 진실한 태도가 아니었다면 이토록 긴 세월 동안 방산선생과 인연을 이어가지 못했을 것입니다. 사주 명리학자로서의 지독한 공부와 수십 년 임상에서 나온 수준 높은 상담은 가히 타의 추종을 불허합니다.

사람이 타고나는 운명은 절대적이고 모험적입니다. 아무리 내가 바꿀 수 있다고 굳게 믿으며 노력해도 의지대로 되지 않는 일이 많습니다. 사람도 사업도 운의 흐름 가운데 견마지로(犬馬之勞)를 더해야지, 이를 무시한다면 아무리 노력한들 뜻대로 되지 않습니다.

방산선생께 병원에서 열고 있는 '한마음 주부대학'에 운명을 주제로 강연을 부탁한 것도 이 때문입니다. 산부인과 의사로서 태어나는 새 생명에 대해 어떤 마음가짐으로 키워야 할지 좋은 말씀을 부탁드렸지요. 아이들은 숨만 쉬어도 예쁜 시기를 거쳐 사회적 몫을 다하는 인간으로 자리잡을 때까지 보육, 교육, 훈육 등 부모의 갖은 노력과 정성이 들어갑니다. 그런데 욕심이 지나쳐 노력과 정성을 물거품으로 만드는 경우도 많습니다. 선생께 좋은 말씀 한마디라도 듣고 자녀를 훌륭하게 키우길 바라서였습니다.

우리는 어떻게 살아야 할까요? 이 책에서 방산선생이 그 해답을 잘 풀어주고 있습니다. 운 있는 사람은 세상을 탓하지 않고, 운명이 알려주는 대로 최선을 다합니다. 이 책을 만나는 사람들은 다 운 있는 사람이라고 생각합니다.

2023년 가을 한마음국제의료재단 이사장 하충식

운명론을 이해하면
위기에 대응하는
마음가짐을 알게 됩니다

아주 오랫동안 방산선생님을 존경하고 좋아하고 있습니다.
만날 때마다 "우주에 하나밖에 없는 아우"라며 저를 반겨주십니다.
처음 알게 된 것은 한의사인 친형님이 방산선생님께 관상학을 지도
받으면서였습니다. 보이지 않는 오장육부(五臟六腑)가 겉으로 표출된
것이 얼굴이라서 안색과 오장육부의 상관관계를 연구하는 데 방산
선생님의 도움을 많이 받았습니다. 방산선생님께 매료된 형님이 저
를 소개했고, 어떤 인연의 결과인지 지금은 형님보다 제가 더 팬이
되었습니다.

　제 직업의 특성상 어려운 일이 있는 분들을 주로 만나게 됩니다.
검사 생활을 할 때는 말 못 할 고충이 컸습니다. 방산선생님은 그럴
때마다 오운육기(五運六氣)론에 비춰 '창 역할보다는 방패 역할을 잘
할 사람'이라고 위로했습니다. 짧은 검사 생활을 마치고 변호사로

일하면서부터 제 법조인 생활도 비로소 안정궤도에 오른 것 같습니다.

변호사를 찾아오는 사람들은 다 억울하고 각종 법적인 분쟁에 휘말리는 일들로 가득합니다. 화가 나고 분해서 소를 제기하지만, 모든 사건을 이길 수는 없습니다. 그럴 때는 최대한 방어하거나 현재의 법적인 평가를 정확하게 알려주는 것 또한 제 몫입니다.

우리는 살면서 '법 없이도 살 사람인데, 어쩌다 그렇게 되었나.' 하는 말을 자주 하고 자주 듣습니다. 평소 법체계 안에서 양심에 어긋나지 않게 살면 법원에 출입할 일이 없다고 생각하지만, 현실은 그렇지 않습니다. 세상은 나 혼자 사는 게 아니고, 나 같은 사람만 있는 것도 아니고, 살다 보면 원치 않는 일도 겪게 됩니다.

이렇게 원치 않은 일들이 연속적으로 펼쳐지는 게 운명이 아닐까 생각합니다. 하필이면 그런 사람을 만나고, 그런 결정을 하고, 후회를 하고, 법정에 서는 일은 원인과 원인이 만나 하나의 사건을 이루고 결과를 가져옵니다. 원치 않아도 일어날 일은 일어나고 마는 것 같습니다.

인생이 원하는 쪽으로만 흐른다면 세상의 많은 직업들이 존재하지 않을 것 같습니다. 법조인, 의사 등 인기 직업들은 대개 운명의 수레바퀴를 돌리는 윤활제 역할을 합니다. 곰곰이 생각해 보면, 우리가 속한 국가나 개인 모두 운명이 있고, 이 사이에서 중재와 보완을 명(命) 받은 운명도 있는 것 같습니다. 보이지 않는 에너지가 우리의 운명을 조율하고, 이끌고, 각자의 역할을 주는 것이라고 하겠습니다.

저 또한 피치 못할 일을 겪는 사람들 곁에서 그들을 변호하는 저의 운명을 겸허히 받아들입니다. 제 직업의 운명적 의미를 깨닫기까지 방산선생님의 평소 지론들이 큰 도움이 되었습니다.

최근 법조계 트렌드는 위기관리입니다. 디지털 전환 시대를 맞아 기존의 체제를 벗어나 혁신을 요구받을수록 뜻밖의 리스크 요인들이 밖으로 드러납니다. 정치, 경제, 문화예술 분야 어디에도 예외가 없습니다. 개인은 더욱 그러합니다. 원치 않는 일이 벌어질 때는 어떻게 해야 할까요?

이 책은 그럴 때 우리가 어떻게 살아야 할지 방향을 제시하고 위기에 대응하는 마음가짐을 알려줍니다. 독자 여러분들도 방산선생님이 전하는 운명론으로부터 지금 벌어지는 일의 의미를 파악하고 용기를 얻기 바랍니다.

2023년 가을
법무법인(유) 율촌 송무부문장 변호사 염용표

정해진 운명은
어떻게 알 수 있는가?

방산 노상진 선생은 명리를 위해 태어난 사람입니다. 제가 평소 믿고 따르는 분입니다. 항상 자신감에 차 있고, 때로는 번뇌에 괴로워하는 방산선생을 보면 천생(天生) 역학을 위해 태어난 사람 같습니다.

저는 점을 치거나 운명을 묻거나 하는 행위를 좋아합니다. 그러나 결과에 대해서는 의심을 합니다. 그 의심의 결과가 sbs「그것이 알고싶다」에서 역대 최고의 시청률을 기록한 〈운명 방정식, 사주팔자의 비밀〉입니다.

'같은 날 같은 시에 태어난 사람의 운명이 왜 다른가?'

'쌍둥이 사주는?'

'제왕절개로 인위적으로 날을 받아서 태어난 사람은 원래 태어나야 할 사주의 운명인가 혹은 인위적으로 받은 사주의 운명인가?'

'이름이 안 좋아서 단명이라고 하는데 그 사람은 사주도 그런가?'

논리적으로 점과 역학과 운명을 이해하려고 노력했습니다. 많은 명리학자와 무속인들에게 물었습니다. 그러나 답은 제각각이었습니다.

'정답이 없는 게 인생이라지만 사주를 정확히 알 수 있다면 나에게 벌어질 앞날의 많은 일들을 알 수 있지 않을까? 그리고 알게 된다면 바꾸거나 피할 수 있지 않을까?'

끊임없이 저를 괴롭힌 질문입니다. 그리고 방송프로그램을 통해서 답을 찾으려고 노력했습니다. 불행히도 답을 정확히 준 사람은 많지 않습니다. 방산선생은 답을 준 분들 가운데 한 분입니다. 적어도 방산선생은 답에 대한 정확한 해석을 해 주십니다.

방산선생과 제가 일치하는 부분은 '사주는 바꿀 수 없다' 즉 '운명은 바꿀 수 없다'라는 것입니다. 운명은 정해져 있고 우리는 알든 모르든 그 운명대로 살고 있다는 사실입니다. 그렇다면 그 "정해진 운명을 어떻게 알 수 있느냐?"가 관건입니다. '저도 제 운명을 정확히 알고 싶습니다.' 여러분도 마찬가지일 겁니다.

세상을 살다 보면 정말 예상 밖의 일들이 벌어집니다. 갑자기 죽고, 기적적으로 살아남고, 배신을 당하고, 횡재를 하고, 파산을 하고, 의도치 않게 잘되고, 아니면 상상할 수 없이 폭망합니다. 무속인들, 역학자들은 이런 불확실한 대중의 인생사 때문에 먹고 삽니다. 그러나 진정으로 왜 그런 일이 벌어지는지를 사주의 네 기둥 속에서 제대로 설명하는 사람이 몇 명이나 될까요?

방산 노상진 선생은 굴곡 있는 인생사를 사주라는 네 기둥 안에서 제대로 설명해 줄 수 있는 몇 안 되는 명리학자 중 한 명입니다. 설명이 제대로 안 되면 외면하거나, 거짓말로 피해 가지 않고 스승인 제산 박재현 선생을 따라 죽어라고 공부해서 답을 찾는 학자입니다.

추천사를 잘 쓰지 않는 제가 방산선생의 부탁을 받고 스스럼없이 추천사를 써 내려간 이유도 방산선생의 글은 운명의 존재를 믿는다면 반드시 읽어봐야 하기 때문입니다. 방산선생의 글을 읽다 보면 자연스럽게 사주와 운명을 이해하게 됩니다. 제가 초고를 받자마자 한 번에 다 읽어버린 이유입니다. 이 책을 통해 여러분의 운명을 이해하시길 바랍니다.

2023. 8. 이영돈PD

이영돈
고대 언론학박사. KBS 기획제작국장, KBS교양제작국장, 채널A 전무
sbs '그것이 알고싶다' kbs '추적60분' kbs '이영돈PD의 소비자고발'
채널A '먹거리X파일' 프로듀싱

운명이 정해져 있다면 어떻게 살아야 하는 걸까?

사주 명리는
세상과 나의 밀월 관계

"자네는 목(木) 기운이 약하니, 산에 꽃이 만발해 사람들이 몰려오라는 의미로 방산(芳山)이라고 부르세."

나의 호 방산은 스승이신 제산 박재현 선생께서 지어주셨다. 세칭 '부산 박도사', 100년에 한 번 나올까 말까 하는 천재성과 신통력으로 역학계 최초 브랜드 파워를 입증한 분이다. 사주 명리에 발 담근 사람 아무나 붙잡고 '부산 박도사'를 아느냐고 물으면 모른다는 사람이 없다.

제산선생께서는 그 무엇보다 인연을 중요시한 분이다. 돌아가실 때까지 내가 마지막 애제자로 곁을 지킬 수 있었던 것도 제산선생께서는 을해년생 돼지띠이고, 나는 계묘년생 토끼띠로 서로 삼합인연이 되었기 때문이다. 제산께서 명성을 높인 까닭도 인연법에 통달해서이다. 상담할 때 생일, 성씨, 고향 세 가지만 물어보고는 부부와 자손, 직업을 정확히 짚어내셨다.

예언은 거의 적중한 편이어서 정재계 유명 인사들의 비기(祕技)가 되다시피 했다. 삼성 이병철, 포항제철 박태준, 한보 정태수 회장을 비롯한 대기업 총수들, 박정희 전두환 노태우 박찬종 같은 정치인까지 당대 유명 인사 가운데 제산선생의 도움을 안 받은 사람이 거의 없다.

이런 분을 스승으로 모시고 운명 공부를 하게 된 것은 내게 크나큰 행운이자 빚이고, 그 또한 나의 운명에 내재된 복(福)이었다. 선생께서는 한 시대를 풍미하고 떠나셨지만, 그분의 정신은 남은 제자들에게 그대로 흡수되고 변화 발전해 전해지고 있다.

사람들이 접하는 운명 예측이 자주 어긋나기 때문에 미신으로 폄훼되는 것이 아니다. 예측하려면 해석해야 하는데, 이 해석이 스승에게 배운 감정 방법에 따라, 적용하는 이론에 따라, 상담가의 깨달음 정도에 따라 차이가 나기 때문이다. 그래서 제산선생께서는 항상 목숨 걸고 공부하라는 당부를 하셨다. 수행과 공부만이 감히 한 사람의 운명을 읽는 자격을 갖추는 길이라 하셨다.

사람이 태어나면서부터 가장 욕망하는 것은 딱 두 가지, 돈과 사랑이다. 살면 살수록 돈에 대한 절실함은 더욱 커진다. 돈이 없어서 그렇지 대한민국은 돈만 있으면 참 살기 좋은 나라라고 다들 말한다. 더불어 뜻이 잘 맞는 친구와 동료, 가족까지 있으면 더 바랄 것

없는 행복한 인생이라 할 만하다. 돈과 사랑, 우리는 이 두 가지를 얻기 위해 평생 이를 악물고 살아간다.

그런데 너무 공평하지 않다. 하는 일마다 잘 되어 돈 걱정 없이 사는 사람이 있는가 하면, 끊임없이 열심히 도전하지만 결과가 처참한 사람도 있다. 왜 이럴까, 왜 저 친구는 잘 나가고, 나는 이 모양일까? 지독하게 운이 없는 걸까?

이십 대 초반에 운명 공부를 시작해 40여 년 수많은 사람을 상담하는 동안 나는 확신을 가졌다. 사람이 태어날 때는 잘 되고 못 되는 이유까지 분명하게 가지고 태어난다는 것이다. 직업도 자기 의지로 선택하는 것 같지만, 사실은 타고난 천성에 잘 부합하는 직업을 본능적으로 찾아가는 것이다. 잘 찾아가면 성공하고, 잘 못 찾으면 고생과 시련을 겪을 수밖에 없다.

사주 여덟 글자, 팔자(八字)에는 '나'라는 사람의 사용법이 정확하게 담겨 있다. 신체적 특징이나 건강, 인간관계를 맺는 마음자리, 공부 머리와 손재주, 말솜씨와 실천력 등 사는 동안 필요한 정보가 빼곡하게 들어차 있다. 자신에게 필요한 좋은 인연을 맺고, 자신이 잘하는 것으로 돈 버는 방법까지도 사주팔자로 정해진 운명이 말해 준다.

지금까지 언론이 조명한 사주 명리학이나 운명 상담은 일반인들에게 미신이라는 오해를 불러일으킬 만했다. 일확천금을 노리는 사람, 재벌과 정치인, 연예인 등 나와는 별개인 특별한 사람들이나 찾는 것이라는 선입견을 알게 모르게 심어주었다.

하지만 그렇지 않다. 사주 명리와 운명 상담은 사회의 인정을 받고 싶고, 암중모색이 절실한 사람들에게 당사자만을 위한 해법을 제시한다. '당신은 당신이 당할 일을 모른다'고 겁주는 게 아니라 '당신은 이런 부분을 보완해야 한다'고 정보를 주는 것이다. 내가 나의 쓰임새를 더 잘 파악하기 위한 도구로 사주 명리학은 새롭게 각광받고 있다.

사주 명리학에 눈을 뜨면 자신의 실천 행동력이 어디에서 오는지 보인다. 사주팔자로 정해진 운명을 안다는 것은 내가 속한 이 세계의 사랑을 받는 방법을 터득하는 것과 같다. 가족이라는 인연을 만나고, 직업이라는 의식처를 가지고 생장 소멸을 겪는 과정에서 자기에게 주어진 진정한 사명을 찾아내는 것이다. 사주 명리학자와 운명 상담가는 그 손을 잡고 안내해 주는 역할이다. 믿든 안 믿든 사주 여덟 글자는 분명히 그 방법을 제시하고 있다.

따라서 운명을 맹신하면 어리석은 사람이 되고, 거부하면 거만한 사람이 되며, 참고하면 현명한 사람이 될 수 있다. 맹신하거나 거부할 게 아니라 내게 필요한 정보를 하나 더 얻었다고 생각하면 절망에 빠지거나 삶을 포기하려는 순간에도 희망이 보인다. 이것이 사주 명리를 알아야 하는 이유이다.

지금은 '어떻게 하면 돈을 많이 벌 수 있을까'보다 '어떻게 하면 잘 살 수 있을까'를 고민해야 하는 시대이다. 돈만 많다고 해서 행복한 것도 아니고, 사랑만 넘친다고 해서 잘 살 수 있는 것도 아니다. 돈과 사랑, 물질과 정신, 음과 양이 가장 조화로울 때 우리는 행복하다고 느낀다. 그리고 그것은 태어날 때부터 불완전한 존재인 인간에게 주어진 숙명이다. 한 치의 어긋남도 없이 작동하는 자연에서 툭 불거진 인간이 자연의 조화를 이해하고 추구할 때 어렴풋이 보이기 시작하는 것이다.

이 책은 독자들에게 운명결정론과 운명 상담가들에 대한 그릇된 오해를 불식시키고, 현명한 접근법을 알려주고자 쓰게 된 '방산 명리론'의 포문을 여는 책이다. 부디 이 책으로 살아가는 데 필요한 용기와 지혜를 얻기를 바란다. 운명이 정해져 있다는 것은 오히려 다행이다. 질문하라, 내가 가진 가장 좋은 도구가 무엇인지. 운명이 그것을 대답해 준다. 모르고 가는 길보다 윤곽이라도 파악하고 가는 길이 더 안전하지 않겠는가. 운명을 아는 것은 일확천금의 요행수를 바라는 심보가 아닌, 진정한 주제 파악임을 기억해 주길 바란다.

끝으로 이 책이 나오기까지 수많은 사람의 노고가 있었음을 말하지 않을 수 없다. ㈜쌤앤파커스 박시형 회장님과 박숙정 대표님께서 '운명'에 관심을 갖고 출판해 주심에 감사드린다.

부족한 원고를 읽고 기꺼이 추천해 주신 창원한마음병원 하충식 이사장님, 법무법인 율촌 염용표 변호사님, 이영돈 PD님께도 마음

깊은 감사를 전한다.

특히 제자 춘산(椿山) 남유정 선생께 문장 빚을 많이 졌다. 항상 겸손한 태도로 자신을 낮추며, 내게 손발을 맞춰준 춘산 선생 덕분에 부족한 자료를 체계적으로 정리해서 원고를 완성할 수 있었다. 춘산 이하 지산(智山) 임영지 선생, 효산(曉山) 임수열 선생 및 방산학회 문하생들의 아낌없는 응원과 지원이 든든한 힘이 되었음은 두말의 여지가 없다.

마지막으로 의욕은 앞섰으나, 누락되거나 설명이 부족한 부분은 독자들의 너른 혜량 부탁드린다.

2023년 가을

방산 노상진

Chapter 1

정해진 운명이 있어서
천만다행이다

주식도 인생도
시드 머니가 좌우

나는 전 국민이 주식하는 시대가 온다고 30년 전부터 입버릇처럼 되뇌곤 했다. 사주 명리와 주식은 우주 변화의 기본 요소인 음양원리를 담고 있다. 사주 명리처럼 주식도 음양으로 운동한다. 이익을 보는 사람이 있으면 손해를 보는 사람이 그만큼 존재해야 주식시장이 돌아간다. 그럼에도 아무도 손해를 전제로 주식 투자에 임하는 사람은 없다.

"선생님, 주식으로 돈 버는 사주가 따로 있습니까?"

"있지요. 있습니다."

"그럼 저는 주식으로 돈 버는 사주예요? 까먹는 사주예요?"

"얼마를 투자하려고요?"

"1천만 원 정도?"

"1천만 원 투자해서 얼마까지 벌어야 돈 버는 사주라고 생각해요?"

1천만 원을 투자해도 1억 원을 투자한 것처럼 벌고 싶은 마음은 모두 굴뚝같다. 당연하다. 사람의 마음은 현실과 이상이 다르기 때문에 이만큼 살기 편하게 발전시켜 온 것이다. 실제 재산증식에 탁월하거나, 재물이 쏠리는 사주가 있는 것도 사실이다.

언제부턴가 주식상담을 하는 내담자가 상당수를 차지하고 있다. 대개 단기 시세 차익을 노리거나 코인 같은 고수익을 학수고대한다. 돈이란 모든 문제를 일으키는 근원이다. '가난할수록 기와집을 짓는다'는 속담처럼 돈복이 약할수록 고공 행진하는 종목을 좇는다. 단도직입으로 부자로 만들어 줄 종목을 짚어달라는 사람도 있다. 사주에서 희신(喜神)을 찾아 베스트 워스트 종목을 선별해 달라고 간절히 청하기도 한다.

운명 상담은 아무 말 대잔치가 아니다. 최선의 삶을 향한 사람에게는 적절한 안내를, 허황된 욕심을 품은 사람에게는 정신 차릴 냉수를 한 사발 건네는 게 옳다. 꿀 바른 독약 같은 주식시장을 빗대어 인생의 축소판이라고 한다.

주식은 종목을 사는 것이 아니라 때를 사는 것이다.

하늘이 정해준 운명의 시간 속에 길운의 시간도 흐르고 있다. 우주만물은 끝없이 변화하면서 한 모양으로 머물지 않는다. 운명 속에 주식으로 타고난 복이 있는지가 우선이다.

그럼 투자를 해야 할까, 투기를 해야 할까? 투자를 한다면 주식 투자를 해야 할까, 부동산 투자를 해야 할까? 투자도 투기도 다 필요 없고 오늘만 있는 것처럼 살아야 할까?

주식은 시드 머니가 많을수록, 정보가 많을수록, 시간이 많을수록 투자에 성공할 확률이 높다. 그렇다고 해도 다 성공하는 것도 아니다.

마치 도로 위의 운전과 같아서 어디서 어떻게 될지 모른다. 아무리 조심해도 뒤차가 와서 쿵 박을 수도 있고, 갑자기 맨홀 뚜껑이 날아와 앞 유리창을 박살낼 수도 있다. 목적지까지 안전하게 가면 투자에 성공한 것이고, 도중에 사고가 나면 투자는 실패한다.

안전한 투자성향으로 경제 공부를 열심히 해서 우량한 종목에 투자해도 꼭 이익을 보는 것도 아니다. 갑자기 세력들이 들어오고, 기관과 외인들이 다 팔아치우기 시작하면 개미는 막아낼 수 없다. 마른하늘에도 날벼락은 치고, 내 집 마당에서 산삼을 캐기도 한다. 주식에는 운이 따른다.

인생도 마찬가지이다. 부모가 물려준 유산이 많을수록, 공부를 많이 할수록, 시간에 구애받지 않을수록 편한 인생을 살 확률이 높다. 월요일 아침 출근하지 않는 편한 인생이면 행복할까? 유복한 집안에서 편안하게 공부하고 돈 걱정 없이 사는 사람도 결혼에 실패하거나 가족의 죽음을 경험하기도 한다. 인생에도 운이 따른다. 주식도 인생도 알 수 없기는 매 한가지이다.

운명에 만약은 없다

인생의 시드 머니, 운명.

누구나 태어날 때 운명을 쥐고 태어난다. 성별, 환경, 용모를 부여받아 태어난다. 남성으로 태어날지 여성으로 태어날지 자기가 선택할 수 없다. 부모를 골라서 태어날 수도 없다. 부모도 자식을 골라서 낳을 수 없다. 백조는 목욕하지 않아도 희고, 까마귀는 물들이지 않아도 검다.

생김새나 건강도 선천적으로 받아 든 밑천이 있다.

미를 추구하는 본능이 '나는 왜 이렇게 태어났을까….' 한탄하게 만들지만, 타고난 용모 또한 자기 뜻대로 되는 게 아니다. 나도 투박한 말투의 경상도 남자가 아닌 부드러운 서울 남자로 태어났으면 어땠을까 가끔 상상해 본다.

운명은 이 세상에 나올 때 내 손에 쥐어진 시드 머니와 같다. 우주의 강력한 기운이 '너는 여기에 이만큼'이라고 쥐여준 것이다. 그렇다면 태어날 때 받아 든 이 시드 머니를 어떻게 운용해야 '행복'이라는 이익이 남을까.

운명에 없는 것을 구하려하니 얻어질 리가 만무하다.

주식은 기업의 가치에 돈으로 명찰을 달아놓은 것이다. 기업의 이름과 역사, 현재 하고 있는 일 등을 보면서 투자를 결정할 수 있는 명찰이 바로 주식이다. 사람들이 살아가는 이 세계를 주식시장에 비유한다면 개인은 낱낱의 주식이라고 할 수 있다. 이 세계에서 나는 어떤 명찰을 달고 지금 여기를 살아가고 있을까.

무엇을 해야 할지 모르지만 모두 열심히는 산다. 적성에 맞는지도 모른 채 공부하고, 잘 안다고 착각하면서 짝을 찾아 결혼한다. 살아야 하니까 지겨운 밥벌이의 고단함을 견뎌 낸다.

그래서 때때로 자기 인생에 대한 회의가 든다. 어딘가에 엄청난 행운과 복이 숨겨져 있을 것 같은 막연한 희망을 품어본다. 왠지 미래에 큰돈을 만질 운이 들어있을 것만 같다. '나'라는 주식이 미래에 가치가 상승할 것 같다. 단지 감으로!

왜 상승한다고만 생각할까. 인간의 욕망은 타고난 운명조차 거슬러 불타오른다. 재벌은 재벌의 돈을 불리기 위해, 평범한 사람은 그 평범한 돈으로 더 큰돈을 만들기 위해, 운명을 부정하고 자유의지로 인생을 개척하려 든다. 그럼에도 팔자 도둑은 못 하는 법이다. 내가 남의 인생을 부러워한들 그 인생을 훔쳐 올 수도 없다.

호랑이 무늬는 보기 쉬우나
사람의 무늬는 보기 어려운 것이 사주 명리학이다.

출생 시 갖고 태어나는 사주 여덟 글자에는 기질, 생김새, 두뇌, 성향, 건강, 인연, 복 등등 모든 것이 담겨 있다. 한 부모 아래 태어났어도 저마다 다른 인생을 사는 것은 이 사주를 제각각 다르게 타고 났기 때문이다. 그것을 알고자 하는 욕구가 '명리학'을 태동시켰다.

과연 '나'의 명찰에 뭐라고 적혔는지 알고 싶다면, 사주 여덟 글자가 가리키는 운명의 표식을 살펴볼 일이다. 미신 같은 허무맹랑한 소리로 치부하는 사람도 분명 있을 것이다.

서양식 사고방식에 길든 나머지 점이나 미신이나 명리나 운명이 다 같은 말인 줄 안다. 제도권에서 정규교육을 받은 사람들은 이 사고의 틀을 좀처럼 벗어나기 힘들다.

제도권은 기본적으로 통제와 인식의 전염이 쉬운 방법을 택한다. 그래야 더 많은 사람에게 동의를 얻기 때문이다. 다수결이라는 민주주의는 나머지 소수 의견이나 태동하는 학문, 관습, 경험 등을 무력하게 만든다. 제도권에 들어가지 못하면 검증되지 않았고 믿어서도 안 되는 삿된 것으로 치부하는 경향이 생기는 것이다.

사주 명리학은 이 피해를 가장 많이 입은 학문이다. 사주 명리학에서 밝히는 사주 여덟 글자의 표식은 그래서 많은 사람이 무당이 보는 점과 혼동한다. 실제 무당이 점을 보다가 명리를 새로 배워 병행하는 경우도 있으니 그런 오해를 사기도 한다.

우리나라만큼 급격하게 발전한 나라가 드물다. 지난 100년 동안 일제강점기와 해방, 전쟁과 분단, 산업화를 겪으면서 빠르게 발전 변화했다. 100년 만에 이만큼 발전한 나라는 유례를 찾기 힘들다. 전 세계에서 디지털 전환도 가장 빠르게 일어나고 있다. 적극적으로 서양식 사고체계를 흡수한 덕분이다. 서양에서 온 것은 선진화된 것, 과학적인 것, 믿을 만한 것이라는 인식이 팽배해졌다.

그에 반해 동양철학을 비롯한 전통 학문은 고리타분한 일부 전공자들의 전유물처럼 여기게 되었다. 특히 사주 명리는 우주가 어떠니 태양이 어떠니 기가 어떠니 하는, 신비하고 이상한 도깨비나라의 법칙처럼 느끼는 사람들이 무척 많다.

운명 감정에 쓸 돈이 있다면 차라리 저금하라고 말하는 사람도 있다. 나도 어릴 적 모친이 동네 철학관을 찾을 때 그렇게 말했다. 사주 명리를 처음 접하는 사람들의 오해는 수십 년이 지나도 변하지 않았다.

페이스북이나 카카오톡 인스타그램 같은 SNS에는 '당신의 직업은' '당신의 인연은' '당신의 사주는' 이런 콘텐츠가 넘쳐나고, 서양식 사고체계인 심리학이나 정신의학에서는 현대인의 불안감을 반영하고 있다며 큰일 난 것처럼 떠든다.

왜 궁금해 하면 안 된다고 생각할까? 궁금하면 물어보면 되지, 그게 그렇게 호들갑을 떨 일인가. 왜 신경정신과 의사에게 상담 받는 비용은 치료비로 여기고 사주 명리학자에게 지불하는 상담비는 기분 비용 정도로 여기느냐는 말이다.

인간은 탄생 자체가 불안한 존재이다. 미래는 알 수 없는데 욕심은 많고, 육체적 조건은 다른 동물보다 취약하다. 이 불안감을 잠재우는 방식이 서양에서는 심리학이나 정신의학으로, 동양에서는 사주 명리학이나 역학으로 발달했을 뿐이다.

맞아도 그만, 안 맞아도 그만이라고 생각하기 때문일까. 그만큼 사람들의 오해가 깊다는 점이 명리를 공부하고 직업으로 삼은 사람에게는 상처가 될 때가 있다. 그렇게 호도하는 심리학자나 신경정신과 의사조차 사주 명리학자가 말해주는 운명 해석은 무척 흥미롭게 받아들인다.

우리 모두 스스로를 어쩌지 못 하는
운명의 수레바퀴를 굴리며 살고 있다.

운명가, 명리 상담의 길을 간다는 것은 이런 편견과 싸우고, 운명 때문에 아파하는 사람을 위로하는 일이다. 그럼에도 점이나 쳐주고 돈 받는 사람 정도의 인식에 머물러 있다는 것은 분명 개선되어야 할 부분이다. 안 하면 그만이지만, 운명가조차 운명의 지배를 받는 하나의 개체일 뿐이라 피할 도리가 없다.

최근 반갑게도 사주 명리를 공부하려는 사람이 늘어나는 추세이다. 전체보다는 개인이 더 중요한 시대를 살다 보니 자기 운명에 관심이 많아지고, 자신을 알고자 사주 명리를 접하는 사람이 많아졌다. 미래 예측에만 관심이 집중되었던 때와는 달리 자아 탐색의 한 도구로서 사주 명리도 세간의 이목을 끌고 있다.

대중화의 길은 멀었지만, 예전처럼 음지에만 머물러 있지 않다.

언젠가는 모든 대학교에서 교양 필수 과목으로 사주 명리를 개설하는 날이 오지 않을까 기대해 본다. 이 또한 음양의 이치이다. 오랜 시간 음지에 머물러 있던 사주 명리가 양지로 나와 대중들의 인생 길잡이 역할을 할 것이다.

사주 명리로 자신을 알아가려면 일단 공부해야 한다. 사주 명리가 알려주는 운명의 키워드를 찾아내고 해석하려면 단순한 호기심으로는 어림없다. 음양과 오행의 이치, 태양과 달, 지구의 자전 공전 관계 등을 알아야 하고, 알기 위해서는 한자 공부도 뒤따라야 한다. 오랜 시간, 선현들의 깊은 공부가 축적된 학문이기 때문이다.

우리는 왜 이토록 자기 운명을 궁금해할까.

얻고자 하는 바는 무엇인가. 수십 년 동안 〈방산정사〉의 문을 두드린 사람들이 묻는 것은 단 두 가지로 귀결되었다. '돈과 사랑'. 저마다 사연과 궁금증을 풀어놓지만 결국은 이 두 가지가 다였다. 현재 내 수중에 없지만, 미래에 돈과 사랑을 갖고 싶은 것이 인간의 보편적 심리이다. 더해서 다가올 미래에 이런 것이 예정되어 있지 않다면 어떡해서든 운명을 바꿀 방법을 알고 싶어 한다.

운명에 만약은 없다

주식과 사주 명리의 함수 관계

주식과 사주 명리는 닮은 점이 무척 많습니다. 가장 큰 공통점은 사람들의 미래욕을 자극하는 것이지요. 바라는 바가 장차 이뤄질지 궁금해서 사주 명리로 운로를 파악해 보듯, 주식은 미래에 오를 종목을 궁금해 하지요. 사주 명리는 태어나서 죽을 때까지 시간을 점으로 연결하는 그래프이고, 주식도 종목을 정해 가격의 오르내림을 점으로 연결하는 그래프를 갖고 있습니다.

사주 명리가 음양의 원리에서 출발하듯 주식도 음봉과 양봉이 있습니다. 둘 다 시간으로 점을 연결하는 그래프인데, 마지막 점을 찍는 때가 언제인지를 그래프를 보면서 추명하는 것이지요. 우주는 끝없이 변화를 거듭하면서 반복운동을 하는데, 이 우주의 법칙을 짧게 보여주는 것이 주식입니다.

체(體)—천(天)—본인, 운수, 때
용(用)—지(地)—종목, 환경, 조건
변(變)—인(人)—노력, 자질, 공부

인간의 길흉화복은 운, 환경, 노력이 삼신삼합이 될 때 성공하고 이중에 하나만이라도 없으면 무공이 됩니다. 시공 속에서 결과가 만들어지는데 타고난 복과 운(運)의 도움 없이는 천년을 해도 성공하기 어려운 것이 주식입니다. 주식 운도 자기 운명 안에 있는 것입니다.

내 인생은 왜 이럴까?

손바닥을 펼쳐 가만히 들여다본다. 이 세상에 내 손바닥과 같은 손바닥은 하나도 없다. 주먹을 꽉 쥐어본다. 손 안에 아무것도 없다. 태어날 때 주먹을 꽉 쥐고 태어났지만 그 안에는 아무것도 없다. 우리는 평생 이 손에 무언가 거머쥐려 발버둥 치며 살아간다. 그리고 끝내 손을 하늘로 펼치고 죽음을 맞이한다. 태어난 이상 지문처럼 각자의 운명은 확연하게 다른 길을 걷는다.

아니, 태어나기도 전에 이미 운명이라는 우주 질서 안에 속해 있다. 사주를 압도하는 것은 입태(入胎)의 순간이다. 계절, 시간, 감정, 자세 …… 한순간 알 수 없는 기운에 이끌려 새로운 생명의 씨앗을 심는다.

당신의 운명은 태어나기도 전부터 정해지는 것이며,
절대 바뀌지 않는다.

운명에 만약은 없다

사주 명리를 공부했다는 사람 가운데 "인간의 운명은 이미 결정 되어 있다'고 말한다면 그 자체가 모순이며 다름 아닌 '혹세무민'의 시작"이라고 주장하는 사람도 있다. 독학하면 이런 착각에 빠지기 쉽다. 사주 명리를 공부할 때 스승을 모시고 하는 까닭도 여기에 있다. 운명의 절대성을 스승의 통변을 통해 실전으로 배우고 깨달아 가기 때문이다.

반론이 아무리 빗발쳐도 변치 않는다. 운명은 절대 바뀌지 않는다. 운명이 노력으로 바꿀 수 있는 것이라면 누구도 불행하지 않을 것이다. 불행을 피하려는 노력을 다할 것이고, 또한 피할 수 있을 테니까.

대기업 온라인 쇼핑몰 디자이너로 일하는 N씨는 부모의 축복 속에 단란한 가정을 꾸렸다. 같은 회사에서 일하던 동료를 남편으로 맞이했다. 스물다섯 살밖에 안 된 딸이 결혼하겠다고 했을 때, 요즘에는 너무 이른 나이라고 연애나 더 하라고 부모가 반대했으나 고집을 꺾지는 못했다. 이왕 이렇게 된 바에 차라리 빨리 결혼해서 돈을 모으는 것도 괜찮다고 애써 위안하며 시집을 보냈다.

알콩달콩 신혼생활을 즐기던 1년 무렵에 아이도 생겼다. 백 일밖에 안 지난 아이를 어린이집에 보내려니 마음은 아팠지만 한창 나이에 집에서 아이만 키우라고 할 수는 없었다.

남편도 N씨도 아이를 어린이집에 맡기고 야근을 밥 먹듯이 하면서 발을 동동 구르는 바쁜 생활을 해나갔다. 온라인 쇼핑몰 특성상 급한 일은 집에서도 처리해야 할 정도로 업무가 많았다고 한다. 그러다 보니 웬걸 처음 사랑했던 마음은 온 데간데없어지고 설거지나 청소 같은 집안일로 매일 싸우기 시작했다는 것이다.

"그렇게 싸울 필요 뭐 있니? 청소 도우미 반나절 6만 원이라는데 일주일에 한 번 정도 부르면 안 싸워도 되잖아. 엄마가 돈 줄까?"

"엄마, 둘이 나눠서 하면 충분히 할 수 있는 일인데 맨날 다음에 한다고 미루는 게 너무 꼴 뵈기 싫어. 돈이 문제가 아니라 집안일은 당연히 여자 몫이고 자기는 거들면 된다고 생각하는 그 태도가 짜증나. 자기만 돈 벌어? 나도 돈 벌어. 나만 이 집에서 먹고 자고 해? 자기도 이 집에서 먹고 자고 해. 그런데 왜 집안일은 전적으로 내 차지야? 그리고 아이가 나중에 뭘 보고 크겠냐고. 여자는 직장과 집안일을 병행하는 게 당연하다고 생각할 거 아냐. 왜 여자는 만날 그렇게 살아야 해?"

엄마가 안타까워서 거들어주려 해도 N씨는 또박또박 따졌다. 엄마는 사위니까 저 성격 받아주고 살지 싶어 더는 말 하지 않았다고 한다.

며칠 후 크게 부부싸움이 나고야 말았다. 남편이 상의도 없이 회사에 사표를 냈다. 선배가 세운 신생 스타트업으로 옮기기로 했다는 것이다. 월급은 더 적지만 스톡옵션을 받기로 했다고, 지금 준비하는 아이템 괜찮은 거 같다고, 대박나면 좋은 집에서 살게 해주겠다며 싱글벙글 웃으며 말할 때 N 씨는 옆에 있는 쿠션을 집어 던지며 남편에게 나가라고 소리 지르고 말았다.

　"회사를 옮기는 일은 나하고 상의해야 하는 거 아니야? 나는 뭔데? 나는 네 인생에 뭔데? 내 나이 아직 서른도 안 됐다고. 한창 연애하고 즐길 나이에 너 만나서 생활인으로 살고 있다고, 이 나쁜 놈아. 그런 일조차 상의 안 하고 네 맘대로 할 거 같으면 그냥 헤어지자. 헤어져!"

　고래고래 소리 지르는 사이 남편은 진짜 문을 열고 나가버렸다. 며칠이 지나도록 서로 연락도 없이 지내면서 N씨는 주민센터에 가서 이혼신고서를 한 장 가져왔다. 언제든 도장 찍으라고 협박하면서 이참에 버릇을 들이겠다고 별렀다.

　며칠 동안 아기 얼굴도 못 봤으니 오늘은 들어오겠지 하던 차에 전화가 울렸다. 그럼 그렇지 하고 받았는데, 경찰서에서 걸려온 전화였다.

　무슨 정신에 장례를 치렀는지. 남편은 집을 나가 있는 동안 새 회사에 합류해 일을 했다고 한다. 며칠 동안 밤을 꼴딱

새우다시피 회의를 하다가 옷 갈아입으려고 집으로 돌아오는 길에 교통사고를 당하고 말았다. 사랑한다는 말을 하고 떠나보내도 사별은 가슴 아픈데, 싸운 채 화해도 못하고 떠나보냈으니 그 마음이 오죽했을까.

N씨가 우울증이 온 것 같다며 그녀의 어머니가 자기 딸 사주를 봐 달라고 와서 전한 말이다. 그 다음 말에는 내가 더 놀랐다. 어떻게 이런 일이 있나 싶을 정도였다.

"우리 사위 위로 형이 하나 있었는데, 형도 세상을 떠났거든요. 형은 유학중에 그렇게 됐다는데. 다들 자기 목숨 하나 못 지키고."

운명이 정해진 게 아니라면 아들 둘을 먼저 떠나보낸 부모가 그렇게 하고 싶어 그랬다고 할 것인가, 백일이 갓 지난 아이를 데리고 이십대에 과부가 된 아내가 그렇게 했다고 할 것인가.

불가항력적인 것은 죽음뿐만이 아니다. 정해진 게 아니라면 태어날 때부터 자신이 왜 남성이나 여성으로 태어났는지 설명할 수 있어야 하고, 성별도 마음먹기에 따라 바꿀 수 있어야 한다. 태아 성별을 바꿀 수 있는가? 임신하면 바로 결정되고 무슨 수를 써도 결정된 성별은 바꿀 수 없다.

애초에 왜 그런 DNA가 결합했는지는 알 수 없다. 자연스럽게 아들로 태어났구나, 딸로 태어났구나 하고 받아들인다. 여자로 태어나고 싶지 않았는데, 남자로 태어나고 싶지 않았는데, 혹은 대한민국에서 태어나지 말았어야 했는데 하고 말만 할 뿐 자유의지로 되는 일이 아니다. 선천적으로 타고나기 때문에 바꿀 수 없다.

내 의지로 나의 본질을 바꿀 순 없다.

현대의학의 도움을 받아 성별을 바꾸고, 다른 집에 양자로 입적되어 부모를 바꾸고, 이민을 가서 국적을 바꿀 수는 있다. 그렇게 한다고 타고난 운명이 바뀔까? 그들은 그러한 운명으로 태어났을 뿐이다. 이미 정해져 있지만 미래를 알 수 없기 때문에 정해져 있지 않다고 오해한다. 운명을 바꿀 수 있다고 착각하는 것이다.

모른다는 말과 정해져 있지 않다는 말은 동의어가 아니다. 정해진 운명은 저마다 분명 존재한다. 마치 손바닥 손금처럼 펼쳐져 있는데, 그것이 무슨 의미인지 모를 뿐이다.

거슬러 올라가면 은하계의 탄생, 우주 빅뱅의 암흑 물질 등 과학의 영역에도 설명이 불가한 것 투성이이다. 인간이 인식할 수 있는 수준 그 너머에 우주가 존재한다.

사람의 운명은 우주처럼 시작된다.

인식의 너머에서 시작되어 하필 지금 이 순간 여기에 있는 사람이 바로 '나'라는 존재이다. 지구는 왜 365일 동안 태양의 주변을 돌고 있는가. 하루는 왜 24시간으로 쪼개졌으며, 왜 24절기를 쓰고 있는가.

운명을 읽는다는 것은 이러한 천문 질서에 근거한 자연의 섭리와 사주, 관상 등 여러 수단을 동원해 '나'라는 인간에게 주어진 선천의 암호를 풀어나가는 행위이다.

운명에 만약은 없다

운명의 본질은
시간 속에 있다

이미 정해져 있다고 하니 사주가 의미하는 본인의 운명을 알고 싶을 것이다. 운명을 알려면 운명이 의미하는 시간을 먼저 이해해야 한다. 운명의 본질은 시간에 있다.

사주 명리에서는 생명이 입태(入胎)될 때 하늘의 기운(氣運)이 스며든다고 본다. '보이지 않는 시간'에 한 사람이 태어나면 서로 약속한다. 연(年), 월(月), 일(日), 시(時)라는 사주를 세워 눈에 보이는 구체성을 부여하기로 말이다.

연월일시는 '나'라는 사람에게 부여된 시간의 약속이다.

그리하여 사주(四柱)에 운명을 받아 태어난다. 네 개의 기둥에 두 글자씩 있고, 이를 합쳐 '사주팔자'라고 한다. 사주 명리학은 사주팔자를 풀어서 명(命)의 이치, 하늘이 내린 목숨과 자연의 이치를 탐구하는 학문이다. 사주학과 명리학은 같은 말이고, 합쳐 사주 명리학이라고 부른다. 그 운명에 깃든 길흉화복을 알아보는 학문이 바로 사주 명리학이다.

하늘의 이치를 담은 열 개의 천간(天干)과 땅의 이치를 담은 열두 개의 지지(地支)에 각각 대입한 후 음양오행(陰陽五行)과의 상호관계를 해석하는 것이다. 사주 여덟 글자에 내가 살아갈 운명이 아로새겨져 있다.

운명가나 사주 명리학자를 찾아갈 때는 해답을 구하는 게 아니라 자기 운명을 해석해 달라고 해야 도움을 받을 수 있다. 나의 운명은 시간과 공간이 만난 약속의 결과물이기 때문에 그 누구를 찾아가도 여덟 글자와 대운은 변치 않는 공식이다. 이 공식을 담은 것이 만세력이다. 요즘은 만세력 어플이 잘 개발되어 있어서 궁금한 사람은 만세력 어플을 다운받아 사주팔자와 오행 정도는 알아볼 수 있다. 사주 명리에 관심이 없거나 처음 보는 사람은 봐도 무슨 소리인지 모를 암호처럼 느껴지겠지만, 자기 생년월일시가 띠고 있는 오행의 기운은 알아볼 수 있다.

사주는 누가 해석하느냐에 따라 전혀 다른 의미가 될 수 있다. 상담가의 능력과 적용하는 이론에 따라 의미를 이해하는 데 차이가 있기 때문에 때로는 용하다, 때로는 사이비다라는 불필요한 시빗거리가 생긴다.

인간이 감지하는 한날한시는 같은 시간이 아니다.

운명의 시간에 대한 가장 흔한 오해는 '한날한시에 태어난' 사주가 같은 사람들 때문에 생긴다. 좋은 예가 쌍둥이이다.

예전에 채널A의 〈논리로 풀다〉라는 프로그램에서 쌍둥이의 운명에 대해 다룬 적이 있었다. 70대 중반 홍씨 할아버지 쌍둥이 형제를 취재했다. 똑같이 생긴 외모와 한날한시에 한 부모 아래 태어난 두 사람이 어떻게 살고 있는지 보여줬다. 비교적 비슷한 삶인지 아니면 전혀 다른 삶인지 살펴본 것이다.

형은 일찌감치 고향을 떠나 서울에서 직장생활하며 비교적 평탄하게 사는 동안, 동생은 고향에서 부모님을 모시고 농사를 지으며 힘들게 살았다. 나이 들어 형은 고향으로 내려와 부인과 여생을 편안하게 보내고 있는 반면, 동생은 부인을 10년 전에 떠나보내고 홀로 적적하게 지내고 있었다.

둘의 인생은 왜 다른 길을 걸었을까? 사람들은 같은 사주를 갖고 태어난 쌍둥이는 운명도 같거나 비슷할 것이라고 예상한다. '같은 사주를 갖고 태어났다'는 데에 함정이 있다. 사주가 같으면 운명도 같을 것이라고 쉽게 생각한다. 사주와 운명은 같은 말이 아니다. 사주는 같아도 다른 시간에 태어나기 때문에 다른 운명이 된다. 사주의 마지막 기둥인 시는 2시간 간격으로 되어 있어 같은 사주를 적용하지만 엄밀하게는 다른 시간이다. 시간이 다르면 운명도 달라진다.

인간이 감지하는 한날한시도 같은 시간은 아니다. 일상생활에서는 초 단위까지 인식할 수 있지만, 빛이 진공상태에서 30센티미터 이동하는 시간은 십 억분의 1초라고 한다.

윤달이나 윤년에 대해서는 다들 잘 알고 있을 것이다. 그런데 윤초[1]도 존재한다. 어떻게 한날한시에 태어날 수 있나. 모태에서 빠져나오는 데에도 순서가 있고, 시간 차이가 분명 생기니 형 동생을 구분할 수 있다. 쌍둥이라 할지라도 한날한시에 태어날 수 없고, 따라서 같은 사주를 타고난다고 할 수 없다.

해(亥, 21~23시)시[2]에 1분에 1명씩 태어난다고 가정해도 120명이나 된다. 쌍둥이인 경우 '해수(亥水) 속에 지장간 무토(戊土), 갑목(甲木), 임수(壬水)'가 있을 때 첫째는 무토를 쓰고, 둘째는 갑목을 쓰고, 셋째는 임수를 쓰는 것이 공식이 있고 인월(寅月, 양력 2월)에 태어나면 인목(寅木) 속에 지장간 무토(戊土), 병화(丙火), 갑목(甲木)이 있으니 첫째, 둘째, 셋째로 보는 방법도 있다. 제산선생께서도 사주 명리를 공부하는 사람에게 쌍둥이의 사주 해석은 평생을 연구해야 할 만큼 난제라고 하셨다. 쌍둥이를 감정하는 공식은 수십 년 상담해 온 나도 신중하게 적용할 만큼 복잡하고 어렵다. 출산 순서에 따라 사주의 격(格)과 용(用)을 다르게 잡기 때문에 쌍둥이라 해도 확연히 다른 통변[3]이 나올 수밖에 없다. 격과 용은 사주 명리학을 공부하는 사람들에게 음양오행 다음으로 중요한 이론이다. 한 개체의 그릇과 쓰

운명에 만약은 없다

임새를 파악할 때 격국용신론을 적용한다.

사주를 해석하는 것은 그림자를 보는 것과 같다.

빛이 있으면 사람과 사물에 그림자가 생긴다. 그림자에 내 얼굴
은 보이지 않지만 그림자는 빛을 비추면 항상 나타난다.

우리가 약속을 정할 때 초 단위까지 구체적으로 정하지 않는다.
설령 초를 정해 만나기로 약속해도 문을 여는 잠깐 사이에도 초 단
위는 금세 틀어진다. 이처럼 초 단위로 운명을 읽을 수 없기에 사주
를 해석하는 것은 그림자를 보듯 어렴풋이 윤곽을 파악하는 것에
그칠 수밖에 없다.

지구에서 단 한 사람도 같은 시간에 태어날 수는 없다. 인간이 시
간을 인지하는 능력이 그것밖에 안 되는 것일 뿐. 이러하니 똑같은
운명도 없고, 운명은 바뀌지도 않는다. 우리는 이미 우주가 예정한
시간이라는 헤아리기 힘든 단위 안에 자기 운명을 갖고 태어나는
것이다.

시간성은 명리에서 절대적이다. 사주팔자, 타고난 연월일시가 운
명의 시간으로 정해진다. 당신의 운명은 당신만이 갖고 태어난 시
간성에 저장되어 있다.

좋은 운명과 나쁜 운명으로
나눌 수 없다

운명은 도로와 자동차로 흔히 비유한다. 사람을 태어나면서부터 선천적으로 명(命)을 갖고 태어난 자동차라고 하면, 운(運)은 명이라는 자동차가 달리는 도로와 같다. 운의 실제 한자 풀이도 차가 움직인다는 뜻을 나타내고 있다. 운(運)자는 辶(쉬엄쉬엄 갈 착)과 軍(군사 군)이 결합한 것이고, 군(軍)자는 車(수레 차)와 冖(덮을 멱)이 결합한 형태이다.

우리는 여기서 도로를 좋다 나쁘다 평가하는 인식에 대해 고민해볼 필요가 있다. 조선시대에 태어난 사람이라면 울퉁불퉁한 비포장 시골길도 좋은 길이라고 생각할 것이고, 현재를 살고 있는 우리는 고속도로도 막히면 짜증나는 길이라고 생각한다. 운에 대한 평가도 시대에 따라, 환경에 따라, 사람에 따라 다 주관적인 요소가 더해지는 것이다.

운명에 만약은 없다

살다 보면 고속도로도 만나고 시골길도 만난다.

운전하다 보면 시원하게 뻥 뚫린 고속도로도 있지만, 지방도나 심지어 비포장도로를 운전해야 할 때도 있다. 운이 좋다는 것은 거침없이 고속도로를 달리는 것과 같고, 운이 나쁘다고 할 때는 언제 타이어에 펑크가 날지 모를 비포장도로를 달리는 것과 같다.

아무리 고속도로를 달리고 있었더라도 목적지까지 고속도로만 달리는 사람은 없다. 가는 길이 대부분 고속도로처럼 뻥 뚫려 있을 수도 있지만, 목적지까지 시골길로만 달리는 경우도 있다.

운전하기 힘든 길이었어도 목적지는 엄청난 경관의 멋진 장소일 수도 있고, 좋은 자동차로 시원하게 고속도로를 달렸지만, 사고가 나서 목적지에 도착하지 못할 때도 있다. 가는 동안에 보는 경치도 다르고, 만나는 사건도 다르다.

계속 운이 좋기만 한 사람은 없다. 반면 운이 나쁘기만 한 사람도 없다. 그래서 운이 좋다 나쁘다 말할 수는 있어도, 운명이 좋다 나쁘다 말하지는 못 한다. 운명은 달리는 자동차와 도로가 합쳐진 것이지 별개가 아니어서 좋다 나쁘다를 따질 수 없다. 좋은 차든 오래된 중고차든, 고속도로이든 시골길이든 모두 자기 것이다. 좋은 운명 나쁜 운명이 따로 있는 것이 아니다.

내 운명과 남의 운명이 다를 뿐이다.

비교는 불행의 시작이다. 타인의 인생이 더 순탄하고 복 받은 것처럼 보일 때, 나도 돈 걱정 없이 떵떵거리며 살고 싶을 때, 내 처지가 곤궁하다고 느껴질 때 그 순간이 바로 비교가 가져오는 불행이 시작되는 지점이다.

사람은 운명을 믿든 안 믿든 정해진 대로 살아갈 수밖에 없다. 과거는 지나갔고, 현재는 내가 아는 것이고, 미래는 아직 오지 않은 것이어서 알 수 없으니 불안이 엄습한다. 나이가 들면서 지혜로워지는 것은, 지나고 나면 지난 어리석음이 보이기 때문이다.

갖고 싶은 것은 당장 없는 것이므로 미래에 존재하고, 왜 그런지 이유는 지나왔으니까 알게 된다. 그리고 우리는 모두 현재를 살고 있다. 시간은 사람과 자연 모두에게 똑같이 흐르고 있지만 각자 다른 시간을 살아가고 있다. 사람이라는 개체가 더해져 각자 다른 결과가 생기는 것이다. 그러니 운의 존재를 전면 부인하는 사람도 드물다. 있긴 있는데, 이게 뭔지 잘 모를 뿐이다. 사람마다 각자 이성과 논리로 풀지 못하는 난제가 분명 존재한다.

운명을 물을 때는 막연한 희망을 캐내는 게 목적이 되어서는 안된다. 사주 명리에 근거해 타고난 운명의 전체 맥락을 파악하는 것이 중요하다. 사주 명리는 먼 거리를 보는 망원경과 같다. 그러니 좋다 나쁘다의 관점에서 자기 운명을 판단하고 낙심할 필요가 전혀

운명에 만약은 없다

없다. 명리에서 크게 보아서 없는 것도 현미경을 대고 볼 수 있다면 분명 존재할 것이다. 운명의 현미경이라는 도구가 현재로서는 요원할 뿐이다.

사주 명리를 보는 사람은 운명을 해석해 줄 수 있을 뿐
운명을 바꿔주는 사람은 아니다.

이름을 고치고 성형을 하면 운명이 바뀔 수 있다는 말에 현혹될 필요가 없다. 누가 더 정확하게 읽어내고 해석하는지 차이가 있을 뿐이지 잘 맞추고 못 맞추고의 문제도 아니고 운명이 바뀌는 일도 없다.

운명학은 우주라는 거대한 질서를 탐구하는 인문의 영역으로, 스승을 중심으로 한 문파를 형성하고 각자의 이론이 다르다 보니 해석도 다양하게 나올 수 있다. 운명가의 해석이 다양하다고 해서 한 사람의 운명이 해석에 따라 좌우되거나 바뀌는 그런 일은 없다.

같은 운명가라도 10년 전에 볼 때와 10년 후에 볼 때 깊이가 달라지기도 한다. 무도인이 연마에 따라 무공이 깊어지듯, 명리를 공부하는 사람도 공부하는 연식과 방식, 경험에 따라 깊이를 더해간다. 그렇다고 해서 미신이니 어쩌니 하면서 폄훼할 필요는 없다. 당신의 운명이 바뀐 것은 아니니까.

사람은 고쳐 쓰는 게 아니다, 세 살 버릇 여든까지 간다, 제 버릇

개 못 준다 등등 우리가 운명에 순응할 수밖에 없음을 나타내는 격언들은 무수히 많다. 내가 어떤 사람인지는 좋고 나쁨의 문제가 아니라 그저 '나'라는 본질의 문제이다. 본질을 꿰뚫으면 고통조차 동반자임을 받아들이게 된다.

〈회남자〉[4]에 이런 문장이 있다.

'자기를 아는 자는 남을 원망하지 않고, 천명을 아는 자는 하늘을 원망하지 않는다. 복은 자기에게서 싹트고 화도 자기로부터 나오는 것이다.'

운명에 만약은 없다

인간이 가진 자유의지의
치명적 결함

우주(宇宙)라는 한자를 보면 집 우(宇), 집 주(宙)가 결합한 단어로 두 개의 집이라는 의미를 갖고 있다. 여기서 두 개의 집은 시간과 공간을 의미한다.

윤초를 인정할 것인가 말 것인가 하는 문제가 대두된 것만 보아도 인간에게 시간이 얼마나 이해하기 어려운 개념인지 짐작했을 것이다. 눈에 보이지 않는 시간을 근거로 운동성을 표현한 것이 오행 법칙이다. 운명 감정에서 제일 먼저 음양, 그다음 오행, 천간(天干)과 지지(地支)로 존재에 시간적 의미를 부여한다.

목성이 태양을 도는 주기는 12년이다. 12년마다 한 번씩 같은 자리에 오는데, 명리에서는 이것을 띠라고 부른다. 자신이 태어난 해이다. 서양에서는 목성이 태양을 도는 주기에 맞춰 12별자리를 표시했다. 동양이나 서양을 막론하고 사람들은 이러한 흐름을 보고 운명을 예측해 왔다.

그렇다면 공간은 무엇인가. 공간은 눈에 보이는 실체인 사람의 몸을 의미한다. 태어나는 순간의 시간 요소인 사주와 눈에 보이는 공간적 요소인 몸[體]이 만나서 운명이 작동하기 시작하는 것이다. 탄생하는 그 순간 완벽한 자연 상태로 우주 기운을 받아 호흡하고, 정해진 운명의 운행이 시작된다. 이 시점은 모든 만물에게 공통적으로 적용되는 요소이다.

하지만 인간은 자유의지라는 변수를 갖고 있다.

우주가 탄생시킨 모든 물질과 형상 가운데 오로지 인간만이 자유의지를 가진다. 우주 행성들이 수십억 년을 한 치의 오차도 없이 일정한 거리와 시간을 유지하며 공전과 자전을 하는 덕분에 지구에는 매일 낮과 밤이 바뀌고 사계절이 생긴다.

자연은 이렇게 정확한 하늘의 기운을 받은 그대로 '진짜'로서 존재하지만 인간은 다르다. 인간을 만물과 통틀어 물건이라 보면 결함이 있는 제품이거나 가품일 것이다.

자유의지는 '욕심'의 근사한 말이다. 내 마음대로 할 수 있다, 내가 저것을 가질 수 있다, 나는 불행하게 살고 싶지 않다 등등 욕심이 발동하면서 운명도 자유의지로 바꿀 수 있다고 믿어버리는 것이다. 이 자유의지 때문에 운명에 변수가 생긴다.

자연은 변수가 없다. 여름이면 진동하는 하루살이를 보자. 하루

운명에 만약은 없다

살이는 인간의 눈에 하찮기 그지없는 귀찮기만 한 곤충이다. 하루 살이는 매우 짧은 생을 살기 때문에 인간이 하루살이라고 이름 붙였을 뿐 하루를 사는 것도 아니다. 인간의 관점이다. 알에서 성충으로 짝짓기를 마치고 죽기까지 2년 이상 사는 종류도 있다고 한다. 주로 물에 알을 낳고 살아가기 때문에 하천 생태계에서는 나름대로 하는 역할이 있다. 그렇다고 해서 하루살이가 자유의지를 가진 것은 아니다. 자연의 일부로 자기 몫을 다할 뿐이다.

내 눈에는 귀찮기만 한 하루살이의 짧은 일생도 자연에서는 유의미하다. 하루살이도 짝짓기를 위해 암수가 구별되고 열심히 번식활동을 한다. 대부분 인간은 하루살이 따위는 알 필요도 없다고 생각한다.

그러면 더 넓게 천문학적 관점에서 볼 때 인간은 하루살이와 어떤 차이가 있을 것 같은가. 끝을 알 수도 없는 우주, 그 안에 태양계, 태양계 안에서 지구, 지구에서 대한민국, 대한민국에서 '나'라는 존재는 아득하지 않나. 자연스럽게 살면 되는데, 인간만이 '자유의지'라는 이름으로 과도한 욕심을 부린다.

오직 인간만이 자연의 섭리(燮理)에서 이탈하고 있다.

예민한 사람들은 마음에 돋보기가 있어서 어떤 말을 들으면 확대되어 큰 문제로 다가온다. 다른 사람들은 아무도 그 문제를 크게 생각하지 않는데, 본인만이 그 문제를 크게 받아들여 확대 재생산해 나간다. 점점 더 예민해지는 것이다. 문제는 마음이다. 이 마음 때문에 태어나는 순간부터 불완전한 인생을 완벽한 인생으로 바꿀 수 있다는 착각에 빠진다.

착각에 빠진 인간은 불확실한 재물을 추구하기도 하고, 그 과정에서 사기를 당하기도 한다. 부모님 산소를 이장해야 한다, 개명하면 사업운이 좋아진다, 굿을 해서 원혼을 달래야 한다는 등 인간의 마음을 교묘하게 파고드는 사기가 성행한다. 자신이 할 수 있는 것은 마음을 바로잡는 것 하나뿐이다. 단언하건대 부모님 산소를 이장해서 사업이 번창하거나, 개명해서 운이 바뀌었다고 느낀다면 운이 좋아지는 타이밍에 그런 일을 벌였을 뿐이다.

우주의 운행 법칙에 따라 자연스럽게 생장과 소멸이라는 과정을 따라가면 되는데 자유의지 때문에 인간은 희노애락(喜怒哀樂)과 고통(苦痛)을 느끼게 된다. 그래서 우리는 운명을 알고 싶어 하는 것이다. 운명을 알면 다 자기 마음대로 될 것 같지만, 알아도 운명의 지배를 받고, 몰라도 운명의 지배를 받을 수밖에 없다.

왜 태어났는지 원점에서 다시 생각해 보자. 나의 자유의지로 태어난 게 아니다. 뭘 하려고 하면 "때가 아니다."라는 말을 들어봤을 것이다. 여기서 말하는 때가 운의 때이다. 봄이 올 때 씨를 뿌려야 싹이 트는 것처럼 자신의 행위가 싹을 틔우고 결실을 맺는 때가 따로 존재한다는 의미이다.

오늘 오후 3시에 나는 차를 마시고 있었고, 김 씨는 운전을 하고 있었고, 이 씨는 통화를 하고 있었다. 오후 3시는 모두에게 같은 시간이지만, 나와 김 씨, 이 씨는 각자 자기 운의 흐름 속에서 다른 행위를 한다. 명을 받은 생각이 운을 따라 행동하게 만드는 것이다.

엄밀히 말하면 명에도 생각과 행동이 있고, 운에도 생각과 행동이 있으니 동시라고 해야 정확하다. 명은 각 개인이 타고나서 살아가는 생로병사의 과정이며, 타고난 임무가 무엇인지를 제시한다.

운(運)에 따라 생각이 바뀐다는 표현도 엄밀히 말하면 '운로(運路)가 바뀌었다'라고 표현해야 한다.

생각이 바뀌는 것일까? 생각이 바뀐다고 느끼는 것은 시간이 흘러가면서 기운의 영향을 받기 때문이다. 이유는 모르지만 왠지 하면 안 될 것 같은 일, 사방에서 다 말려도 자기가 하고 싶어서 하는 일 등등은 하늘의 기운이 내 생각을 일으키고, 한 발 더 나아가 행동하라고 북돋우기 때문이다.

운명을 결정하는 것은 우주의 질서이다. 이 질서는 하늘의 기운이 작용하는 것으로, 변화의 시작점은 하늘이지 인간의 생각이 아니다. 그래서 하늘의 기운이 명하면, 그 생각이 행동에 영향을 미치는데 이것을 운이 흐른다고 하는 것이다. 하늘의 명에 따라 사계절 자연의 모습이 변화하는 것과 같은 이치이다.

운명을 인간이 자유의지로 바꿀 수 있다면 시간을 지배할 수 있어야 가능하다. 자동차가 후진을 할 때도, 내가 뒷걸음질 칠 때도 시간은 앞으로 흐른다. 시간이 과거로 갈 수 있다면 시간을 바꿀 수 있다고 해도 되니까 운명도 바꿀 수 있는 것이 된다. 그러나 시간은 미래로만 향하기 때문에 찰나의 몇 초 사이에도 미래가 되어, 사람이 바꿀 수 없는 것이다.

미래를 예측할 수는 있어도 바꿀 수는 없다. 예측하면 바꿀 수 있다고 착각하기 쉽지만 최선을 다해 방어할 수 있을 뿐이다. 시간의 절대성만 아니면 피흉취길(避凶就吉), 흉한 것은 피하고 좋은 것은 취할 수 있다. 다가오는 시간의 미래를 모르기 때문에 바꿀 수 있다고 느끼게 되나 미래의 시간도 결국에는 지나간 시간이 되고 지나간 시간을 바꿀 수 없듯이 시간의 절대성에 우리는 속수무책이다. 인간이 일으키는 잘못된 선택은 언제나 자유의지에서 비롯된다.

운명에 만약은 없다

10명 가운데 한 명은 이름과 생년월일이 동일

2012년 NICE신용평가정보에서 조사한 결과에 따르면 이름과 생년 월일이 일치하는 사람이 11.7퍼센트에 이른다고 합니다. 10명 가운 데 한 명 이상이 같은 날 태어나 같은 이름을 지니고 살고 있는 셈입 니다.

동양권에서 이름은 태어난 연도와 계절, 성별 등에 따라 음양오행을 적용해 의미를 부여해 짓기 때문에 이런 현상이 나타납니다. 그렇다 고 해서 다 같은 운명을 살고 있지는 않지요. 사주도 같고 이름도 같 은데 말이지요.

성명학에서는 일반적으로 일곱 가지 원칙이 통용되고 있습니다.

첫째, 사주에 있는 희신과 용신

둘째, 글자의 뜻

셋째, 글자의 획순

넷째, 천인지(天人地)의 조화

다섯째, 오행의 배합

여섯째, 오행의 구성

일곱째, 음성의 파동

살펴보면 사주를 명리학적으로 풀어서 부르기 좋은 이름을 짓는다는 걸 알 수 있죠. 이런 일반적인 원칙 말고도 수십 가지가 넘는 작명법이 있습니다. 하지만 이보다 선행하는 것은 운명의 3대 요소인 선천적으로 결정되는 성별, 태어난 환경, 용모입니다. 더해서 사주에서 드러나는 직업운, 시대운, 자성(노력)에 기운을 더해주는 이름을 지어줄 필요가 있습니다. 같은 날 같은 이름으로 살아가도 어떻게 살고 있는지는 천차만별이기 때문에 작명의 원칙 이전에 운명의 요소들이 골고루 스며들게 지어야 좋은 이름이라고 할 수 있지요.

예전에 열린우리당(현 더불어민주당)의 이부영(李富榮) 의장과 중국의 리푸룽 국가체육총국 부국장이 한자로 같은 이름을 쓰고 있어서 화제가 된 적이 있습니다. 게다가 생년월일시까지 동일해 신문에 기이한 인연으로 보도된 것을 재미있게 보았습니다.

리푸룽 중국 국가체육총국 부국장은 핑퐁 외교의 주역으로 알려진 인물입니다. 한겨레신문의 보도(2004.09.05.)에 따르면 "제3차 아시아정상 국제회의에 참석하기 위해 베이징에 온 열린우리당 이부영 의장은 3일, 숙소인 베이징호텔에서 그와 한자 이름, 생년월일이 같은 리푸룽 중국 국가체육총국 부국장 겸 베이징올림픽 조직위 부위원장과 만나 '사주'가 완전히 일치함을 확인해 화제를 모았다."고 전한 바 있습니다. 이부영 의장이 먼저 "나는 1942년 9월26일(음력 8월17일) 새벽 5시 서울 종로에서 태어났다"고 하자, 리 부국장은 "나는 같은 날 새벽 4시 상하이에서 태어났으나, 중국과 한국 사이의 시차가 1시간 나는 걸 감안하면 같은 시간에 태어난 것"이라며 놀라움을 감추지 못했다고 합니다. 기이하고 놀라운 인연이지요.

한국과 중국에서조차 한날한시에 태어난 동명이인이 존재하지만 같은 운명을 살고 있는 것은 아님이 증명이 되었습니다. 이름은 태어나자마자 지어줍니다. 나쁜 이름, 좋은 이름을 논할 수가 없어요. 살아봐야 아는 것이니까요.

대부분 개명은 이름을 바꿔야 운이 좋아진다며 본인보다 주변에서 권하는 경우가 많습니다. 이름은 사주에 부합하는 부르기 쉽고 기억하기 쉽게 짓는 것이 제일 좋습니다. 하지만 이것 하나는 분명합니다. 개명한다고 해서 자기 본질이 바뀌는 것은 아니라는 사실입니다.

Chapter 2

정해진 운명을
어떻게 살 것인가

타고난 본질과
도구를 찾아라

우주의 시간으로 보면 인간의 삶은 찰나의 순간에 불과한데 우리에게는 이 삶이 영원보다 길게 느껴진다. 법문이 높은 스님들이 무소유의 가치를 널리 설파해도 대중인 인간은 자기 생에 하나라도 더 소유하기 위해 더 좋은 것이 없는지 눈에 불을 켜고 찾는다.

운명을 알면 눈에 불을 켜고 찾는 것을 다 가질 수 있을까?

그렇지 않다. 운명을 아는 것은 인생이라는 강 앞에서 자기가 던질 수 있는 그물 크기를 아는 것과 유사하다.

같은 강에서 각자 그물을 던지면 똑같이 물고기가 잡히지 않는다. 자기가 던진 그물 크기, 그물망 굵기, 던지는 손목 스냅 에너지 등이 물고기를 잡는 데 영향을 미친다.

어떤 사람은 큰 그물로 넓게 던져서 더 많은 물고기를 그물에 가

둘 수 있고, 어떤 사람은 작고 촘촘한 그물을 던져 물고기와 수초와 자갈이 함께 그물에 섞여들 수도 있다. 그물을 끌어 올리는 힘이 부족해서 잡은 물고기를 놓치는가 하면, 손목 힘이 좋아서 여러 번 던지고 여러 번 건져 올리는 사람도 있다.

나는 어부인가, 구경꾼인가.

자신이 어떤 에너지를 지니고 그물을 던지고 있는지, 아니면 그물을 던질 생각조차 없이 강을 감상하고 있는 사람인지 파악하는 것이 운명 감정, 간명(看命)이다.

부자는 왜 부자이고, 가난한 사람은 왜 가난한가. 최고 학벌을 지닌 백수도 수두룩하고, 행상으로 시작해 건물주가 되는 사람도 수두룩하다. 돈을 못 버는 이유는 당연하고 다양하다. 현재 상황이 파악이 안 되고, 게으르고, 계획이 없고, 보는 눈이 없고, 멋대로 생각하고 행동한다.

그런데 이런 다양하고 당연한 이유가 왜 하필이면 그 사람에게서 드러나는가. 운명 예측의 목적이 해답을 구하는 데 있다 하더라도 인간으로서는 자세히 알 수 없고, 대략 범위만 알 수 있다.

예를 들어 사주에 재성(財星)⁵이 없으면 재물 그릇이 작다고 판단한다. 명리에서는 재성을 재물을 보관하는 창고로 보기 때문이다. 그럼 재물이 쌓이지 않는 사람은 다 가난하게만 살게 될까? 기술이

나 학문을 이용해서 재산을 증식하는 방법도 있고, 본인이 직접 큰 사업을 하지는 못하더라도 중개하는 역할을 잘 해서 돈을 버는 방법도 있다. 자기를 파악하면 어떻게 살 것인지 마음의 행로를 세울 수 있다.

자신이 어부가 맞는지 알면 더 좋을 것이다. 어부일 수도 있고 구경꾼일 수도 있다. 타고난 본질이 구경꾼인데 자꾸 그물을 던지라고 하면 그 자리를 피하고 싶을 것이다. 강물이 흘러가는 것을 감상이나 하고, 누가 건져 올린 물고기를 한 점 나눠주면 그것을 기쁘게 먹고 싶을 뿐인데 자꾸 그물을 던지라고 하면 그 자체로 고통이 된다.

명리로 사주를 따져 각 개인이 가진 본질을 파악하려는 것은 이런 이유 때문이다. 타고난 본질과 가진 도구를 알면 '산다는 것'이 좀 더 수월해진다.

내가 생각하는 나의 문제를 내가 해결점을 찾으려 하고 느낄 때는 괜찮은데, 남이 나의 문제를 지적하면 받아들이기가 쉽지 않다. 운명을 공부하면 타인이 나에게 지적하는 것을 행하기 전, 객관성이라는 이름으로 내가 먼저 나의 문제를 알고 대처할 수 있다. 정답은 모르지만 범위만 알아도 충분히 자기 삶에 도움이 되는 것이다.

개운은 운명을 바꾼다는
의미가 아니다

'운명이 정해져 있다'라는 말을 들으면 처음 듣는 사람일수록 매우 고통스러워한다. 평생 부자가 될 수 없다는 소리로 받아들이거나, 현재 어려운 상황이 영원히 고착될 것이라고 생각해 좌절하고 거부감을 보인다.

운을 현재에 고정된 것으로 받아들이면 안 된다. 운은 흐르고 있다. 운이 고정된 것이라면 운명도 고정된 것이고, 운명에 포함된 수명이나 길흉화복도 다 고정된 것이라야 한다. 하지만 그렇지 않다. 운이 고정된 것이라면 시간도 흐르지 않고 멈춘 것이라야 한다. 그 말인즉슨 계절이 바뀌지 않고, 성장하거나 늙지 않는다는 뜻이다. 시간이 항상 흘러가듯이 운명이 정해져 있다는 말은 현재에 국한되지 않음을 이해해야 한다.

운의 흐름은 자연과 같은 모습이다.

자연의 사계절이 봄부터 겨울까지 기후 변화를 보이듯 운명도 좋을 때와 나쁠 때가 번갈아 가며 흐름을 보인다. 고통스럽게 받아들일 필요가 없다. 현재 봄이면 여름, 가을, 겨울의 운이 예정되어 있다. 운명이 정해져 있다는 것은 자기 자신은 앞으로 어떤 운이 다가올지는 알 수 없어도, 그 운로(運路)가 정해져 있다는 뜻이다.

부자도 망할 수 있고, 가난한 사람도 부자가 될 수 있는 운의 흐름이 있다. 흐름을 알면 부자가 될 기회, 실패하는 시기를 포착할 수 있다. 단지 흐른다고 해서 재벌과 같은 재물그릇을 타고 나지 않은 사람이 재벌의 재물을 가지는 것은 아니다. 타고난 그릇 안에서 재물이 들어오고 나가는 흐름이 있다는 뜻이다. 10을 갖고 태어났으면 10만큼, 100을 갖고 태어났으면 100만큼 자기 복을 찾는 방법이 있다.

운의 흐름을 모르면 그나마도 지키기 어려워지고 그것이 곧 실제 고통으로 이어진다. 운의 흐름을 안다는 것은 내 인생의 평균을 깎아 먹지 않는 공부법 같은 것이다.

명리를 통해 내 인생은 어떤 계절과 궤를 같이 하는지, 봄여름가을겨울 어떤 계절의 힘이 나에게 다가오고 있는지 알 수 있다. 자기 자신은 이 '때'를 모르기 때문에 정해진 운로(運路)의 정보를 얻어서 계획하고 준비하는 데 도움을 받는 것이다.

언제 봄이 될지 때를 알면 인내하며 노력하다가, 그때 씨를 뿌리고 수확하여 기회를 잡을 수 있다. 이 자체가 개운(開運)이라고 할 수 있다. 개운의 한자를 보면 운이 열린다는 것이지 운명이 바뀐다는 뜻은 아니다.

운은 흐르되 정해진 대로 흐른다. 다만 어디에 어떻게 정해져 있는지 모를 뿐이다. 그럼에도 정해져 있다는 한마디에만 몰두해서 다른 말들은 귀담아 듣지도 않는다.

씨를 뿌리고 수확할 때를 아는 것이 운명 예측의 목적이다.

경기도 외곽에서 배달전문 백반집을 하던 부부가 있었다. 남편이 단골 공장에 배달을 갔다가 공장이 매물로 나온 것을 알았다. 남편은 갑자기 귀가 솔깃해졌다. 갈수록 인건비와 재료비가 오르고 주방일 하는 사람을 구하기가 힘든 데다, 평생 손에 물 묻히던 일에서 벗어나고 싶기도 했다. 그동안 고생해서 모은 돈으로 이번 기회에 공장을 인수해 볼까 싶은 마음이 들었다.

매물로 나온 공장은 가내수공업 마냥 작은 공장이었다. 우람한 기계가 쉴 새 없이 돌아가고 수십 명의 직원을 두는 큰 규모가 아니니, 아내와 둘이서 부지런히 하면 백반집보다 몸은 덜 고될 것 같았다. 그런데 아내가 반대를 했다.

"마스크 그까짓 거 얼마 한다고. 백반은 하루에 한 끼는 꼭 사먹는 사람들이 있지만, 마스크를 밥 먹듯이 사는 것도 아닌데."

아내의 말도 일리는 있었지만 마스크공장 매물이 자꾸만 생각났다. 사실은 공장 부지가 더 탐이 났다. 마스크 판매에 따른 수익보다는 깔고 앉아 있으면 노후에 더 큰 도움이 될 것 같았다.

갈등하면서도 못 잊어하던 때에 마스크공장 사장이 인수를 적극적으로 권하기 시작했다. 마스크공장 사장은 10년 동안 공장을 했지만 대출과 이자만 늘어가던 실정이라 공장을 정리해서 대출을 갚고 작게 카페라도 열고 싶었다. 두 사람의 뜻이 맞았던지라 백반집 사장은 마스크공장을 인수했고, 마스크공장 사장은 공장을 처분한 것을 큰 행운으로 여겼다.

그 뒤 한 달여 지나, 무슨 일이 생겼을까? 코로나가 터졌다. 전 지구 사람들이 마스크 없이는 살 수 없는 지경이 되고, 한 장에 1천5백 원 가량 하던 마스크는 한 장에 6천 원, 7천 원 심지어는 1만 원까지 올라갔다. 사람을 고용해 24시간을 풀가동해도 주문량을 맞추기 어려울 지경이었다.

마스크공장을 넘긴 원래 사장은 땅을 치고 하늘을 원망했고, 백반집 사장은 얼떨결에 큰돈을 만지게 되었다. 그것으로 끝이 아니었다. 마스크공장 바로 앞으로 새 도로가 확정되어 공장부지 부동산 가치도 엄청 뛰었다. 하지만 백반집 사장은 여전히 고된 노동에서 벗어나지는 못했다. 원하는 것이 재물과 부동산이었으니 만족감을 느낄 수는 있어도 몸이 고된 것은 피하기 어려웠다.

한편, 원래 마스크공장 사장은 공장을 넘기고 대출을 갚은 뒤 원하던 작은 카페를 열었다. 처음 한 달은 그럭저럭 운영이 되었는데

운명에 만약은 없다

코로나가 터지자마자 손님 발길이 뚝 끊겼다. 정부에서 소상공인 자영업자를 위한 대출을 풀기 시작했고 어쩔 수 없이 또 대출을 받을 수밖에 없었다. 대출이 지겨워 공장을 넘겼는데 다시 또 대출을 받는 처지에 이르렀다.

이 두 사람의 운명은 이미 정해진 것이다. 한 사람은 가을의 열매를 수확하는 시기에 들어섰고, 한 사람은 추운 겨울 한 가운데 모든 것이 꽁꽁 얼어붙은 시기를 맞은 것이다. 그러니 하나의 공장에 한 달 정도 시간차로 두 사람의 재물이 크게 엇갈린 것이다. 대출을 피하고자 했던 원래 마스크공장 사장은 아무리 대출을 피하려 해도 피해지지 않았다. 때[時]가 아니었으니까. 노동을 피하고 싶었던 백반집 사장은 여전히 노동하고 있다. 그의 운명은 일을 해야하는 사람이었던 것이다.

정해진 운명의 행방을 안다는 것은 이렇게 무서운 일이다. 사주 명리학자가 운로를 미리 짚어줬으면 어땠을까. 구체적으로 마스크공장을 팔아라 마라, 카페를 열어라 마라가 아니라, 운이 상승구간에 들어선 것인지, 하강 국면에 접어든 것인지 정도만 알았어도 대처 방식은 달랐을 것이다. 물속에서 물을 찾는 것이 인간의 어리석음이라서 사주 명리학자의 조언은 조언이고, 결국 스스로 결정했을 테지만 말이다.

개운은 나만의 소중한 시간을 찾는 것이다.

정해진 때가 올 때까지 어려운 국면에서도 편한 마음을 가지도록 안심시키는 것이 상담의 본령이다. 그 누구도 타고나지 않은 것을 알려 주지는 못 한다. 그런데 때는 있다. 개운은 이 때에 맞춰 변화를 맞이하는 자세를 일컫는다.

시간성, 우주가 정해준 운명의 시간이 분명 내재되어 있다. 늘 시간이 부족한가. 시간에 쫓기면서 일해도 만족스럽지 않은가. 시간은 만물에 똑같이 흐르는데 자신의 행동이 유의미한 행동인지 무의미한 행동인지, 지금 해야 할 일인지 나중에 해야 할 일인지 모르고 하기 때문이다.

돈을 잘 벌고 성공한 사람들의 비결을 물으면 일의 우선순위를 정하라고 충고한다. 그들은 사주 명리를 몰라도 시간이 운명의 기본 바탕임을 알았던 것이다. 이 일의 우선순위는 제 각각 다르다. 부지런을 떨어도 안 되는 것은 자기 시간, 때가 오지 않은 것이다.

나쁜 일들은 연달아 일어난다. 어려운 일들이 쓰나미처럼 밀려오면 피하고 싶은 심정이 된다. 그래서 개운을 외치며 좋게 바꿀 방법을 찾는다. 피한다고 피해지는 게 아니니 좋은 때를 알고, 그때가 오기를 기다려야 한다. 아니면 좋은 때가 오고 있다고 믿으며 힘든 시기일수록 더욱 욕망을 절제하며 대비하는 자세로 견뎌내는 것이다.

내리막을 계속 내려가다 보면 평지에 다다르고 또 다시 오르막을

운명에 만약은 없다

오르게 된다. 운로의 흐름을 알면 어려운 일들이 폭풍처럼 몰아치더라도 지나가는 중인지 들어오는 중인지 알 수 있다. 그 흐름에 맞추어 더 과감하게 나아갈지 잠시 피해야 할지를 정하는 것이다.

밤이라 해서 해가 없는 게 아니다.

해와 달은 항상 같이 있으면서 반대편에서 자기 자리를 지킨다. 밤이라 해서 해가 없어진 게 아니고 낮이라 해서 달이 없어진 게 아니다. 안 보일 뿐이다.

명의 부족은 운이 받쳐준다. 서로 같이 있으면서 조화가 될 때는 성공하고, 맞지 않을 때는 실패가 된다. 낮의 '나'와 밤의 '나'가 같아야 한다. 낮에는 훤히 드러나니 정직하고, 밤에는 보이지 않으니 거짓되면 와르르 무너진다. 자연은 정확히 알고 있다.

조화가 틀어질 때 변동 퇴직 신액 구설 등 온갖 잡다한 흉(凶)이 생기는 것이다. 이런 것이 명과 운의 조합으로 일어난다. 지금 이 시간에도 지구는 우주의 운행 법칙에 따라 움직이고 있어서 사건사고가 어디서든 터지고 있다. 알수록 인과가 무섭고 오묘하니, 사주 명리는 겉과 속이 같고, 낮과 밤이 같은 사람이 되라고 일러준다.

도화살에도 복덕이 쌓여
대운을 만나면
남보다 많은 행운을 누리기도 한다

도화살은 '꾸며서 남의 눈에 띈다'는 뜻이다. 예전에는 도화살이 들었다고 하면 굉장히 싫어했다. 이성 교제에 부침이 많고, 이별이 잦고, 사람들의 안 좋은 시선에 시달린다고 해석했다. 지금은 도화살이 든 사람은 복이 들었다고 본다. 꾸며서 남의 눈에 띄면 성공할 가능성이 크기 때문이다.

연예인이나 스포츠 선수, 인플루언서, 온라인 쇼핑몰 운영자 등 남의 눈에 띄는 직업이 비교적 돈을 잘 벌 수 있기 때문에 현대인들이 선호하는 직업이 되었다. 또한 자유로운 연애와 성생활을 하는 현대에 고전적인 도화살 해석은 더 이상 의미가 없다.

앞에 나서는 일을 하지 않는 사람은 사주에 도화살이 들었거나 도화살 운을 만나도 별다른 의미를 둘 필요가 없다. 그 시기를 지나면 잠잠해지기 때문이다. 이처럼 같은 살(煞)이어도 때를 잘 만나면 좋은 의미로 해석할 수 있고 때를 잘못 만나면 패가망신이 될 운으

운명에 만약은 없다

로 풀이할 수 있다.

그럼 대운이 들면 좋은 걸까? 앞서 말했듯이 좋고 나쁘고의 판단 기준에서 벗어나야 한다. 익숙한 이분법적인 사고방식에서 벗어나야 좋은 것 아니면 나쁜 것, 나쁜 것 아니면 좋은 것이라는 극단적 판단을 안 할 수 있다. 대운이 들면 좋은 것이 아니라 운이 변화의 시기를 맞이하는 것이다.

운로는 10년마다 큰 변화의 주기를 맞이하는데
이를 대운이라고 한다.

10년이면 강산도 변한다는 말과 같은 것이다. 사람들은 이 의미도 잘 모르고 대운이 들었다고 하면 좋은 운이 크게 들었다고 알아듣는다. 좋은 운이 크게 든 건지 흉한 운이 크게 든 건지도 알 수 없다. 아무튼 운이 변하는 시기가 대운이 든 시기이다.

대운은 자기가 태어난 해와 월을 기준으로 만세력의 대운수에 따라 10년 단위로 운세의 변화를 겪는 것이고, 1년 단위 운세의 변화는 연운(年運) 혹은 세운(歲運)이라 하고, 하루 단위의 운세는 일진(日辰)이라고 한다.

대운이라고 할 때는 이 변화 구간에서 운로가 오르막인지 내리막인지 아는 것이 훨씬 중요하다. 좋은 일도 나쁜 일도 영원하지 않은 것은 이 대운의 변화 주기 때문이다. 바랐던 일들은 이뤄지지 않고 생각지 못한 사건이 연달아 일어날 때는 변화의 구간에 들어가고 있다고 여기면 한결 대응하기가 수월해질 것이다. 뭔가 시작될 때는 훨씬 에너지가 많이 들어간다. 마치 등산할 때 오르막이 시작되면 훨씬 더 힘들게 느껴지고 에너지가 많이 들어가는 것과 같은 이치이다.

유독 힘들다고 느껴질 때는 운의 흐름이 변화하는 구간에 들어서고 있다고 생각하고 매사 신중해야 한다.

오늘 이 순간은 나를 사랑하기에도 부족한 순간이다.

그럼에도 인간은 끊임없이 갈등을 자초한다. 나 혼자 인생이 아니라 '나'라는 개체가 여기 이 순간을 살기 위해서는 수많은 다른 '나'들의 운로와 부딪힐 수밖에 없다. 각자 소우주라서 자기만의 운행 규칙, 운명이 따로 있다.

동양철학에서는 사람을 하나의 작은 우주로 보아 우주의 생성과 변화원리를 사람에게도 똑같이 적용한다. 우주정신은 바로 '인성(人性)'이다. 우주의 텅 빈 공간 그것을 마음이라고 본다. 또 다른 소우주인 상대방이 나의 운행 규칙을 따를 리가 없다. 자유의지를 가짐으로써 인간관계에서도 스스로 문제를 일으킨다.

사랑도 일도 서로 때가 안 맞아 갈등이 발생한다. 첫사랑을 떠올려 보라. 대부분 지금 만나면 다를 것이라 생각한다. 천만에, 지금 만나도 결과는 크게 달라지지 않는다.

타인이라는 소우주는
나라는 소우주와 궤적을 달리한다.

첫사랑뿐만 아니라 부모 형제 친구 사회 국가 모두 저마다의 운로를 가고 있기에 때가 맞아야 조화가 이뤄진다. 서로 인정해야 편안해진다는 말이다. 인정욕구가 불러오는 파장은 실로 어마어마하다. 사회적으로 큰 문제가 되는 가족 살인 등도 자세히 살펴보면 어린 시절 인정받지 못한 것에서부터 비롯한 경우가 많다. 존속살해는 그야말로 우주와 우주의 충돌로 서로 산산이 부서져버린 것과 같은 것이다.

인간은 소우주이면서 우주의 일부분이기 때문에 운로를 따라 흐를 수밖에 없다. 보통 운의 흐름은 10년 주기로 순행 혹은 역행한다. 상담실에서 자주 듣는 고민 중에 하나가 '남편과 안 맞아서 못 살겠다'며 '이혼할 팔자'냐는 것이다. 그 사람의 사주에 맞게 통변을 해줘도 열에 아홉은 그냥 산다. 한 10년 혹은 12년 지나 다시 찾아오면 이번에는 남편 문제가 아니라 자식 문제를 묻는다. 이건 명리를 공부하지 않아도 알 수 있는 일이다. 10년 대운의 변화를 겪고 지나간 것이다.

중요한 것은 운명에서 그토록 중히 여기는 '때'를 아는 것이다. 봄

여름가을겨울, 하루 24시간 등등 때에 맞는 행위를 해야 하는 것이
다. 가을에 씨를 뿌리면 열매를 언제 맺겠는가. 곧 겨울이 오니 열매
맺기가 어렵다. 봄을 기다려 다시 씨앗을 뿌리든지, 적은 수확이나
마 거둘 수 있게 짧게 빠르게 뿌리든지 하다못해 이삭줍기라도 고
민해 봐야 한다.

주식을 생각해 보라. 갖고 있는 주식이 계속 하강곡선이면 어떻
게 하나? 손해를 보더라도 팔든가, 다시 올라갈 때까지 몇 년 묵히
든가 해야 하지 않을까. 어떤 사람은 다 팔고 다시는 손을 대지 않
는 반면, 어떤 사람은 적은 돈으로 다시 투자처를 찾아 만회하려고
한다.

주식의 성공과 실패도 운명의 법칙을 따른다. 우주는 끝없이 변
화하면서 반복되는 순환의 법칙으로 움직이는데 우주의 법칙을 가
장 선명하고 짧고 현대적으로 확인할 수 있는 것이 주식이다. 양봉
과 음봉이 있고, 지나간 과거가 그래프로 선명하게 그려진다. 하지
만, 미래는 과거의 패턴을 보고 기업의 미래 가치를 예측할 뿐 알 수
가 없다. 주식은 타이밍을 잡는 기술이다. 기회가 와도 타이밍을 알
지 못하면 부자가 될 수 없다.

많은 사상과 종교가 정신적 가치를 우위에 두고 강조하고 있지
만, 현실은 참으로 묘하게도 정신이 물질을 이기는 법이 그다지 많
지 않다. 물질은 정신에 비해 결코 약하지 않기 때문이다.

인간은 물질인 육체가 있어야 정신이 유지된다. 정신만 있고 물

운명에 만약은 없다

질이 없으면 그것은 내 것이 아니다. 책 속의 진리는 누구나 말할 수 있어도 내가 읽고 내 머리에 들어와서 써 먹어야 진리 아닌가.

운명을 공부하는 것도 써 먹자고 하는 공부이다. 써 먹지 못할 공부를 왜 하겠는가. 우주의 생명력은 물질 파동이다. 생명이 존재하는 것은 전부 물질 기반이 있어야 한다. 물질과 정신, 음과 양, 시간과 공간이 하나로 뭉쳐 있는 가운데, 보석 같은 잘 사는 방법을 캐내는 게 운명 공부가 아닐까 한다.

주식 하나를 해도 때를 고민하고 방법을 연구하면서, 자기 인생의 때에 대해서는 공부하지 않는다. 요행만 바라거나 운명가에게 들은 한마디에 매달려 막연한 희망만 품는다. 자기 자신을 주식 종목이라고 생각하면 공부하고 연마하지 않을 수 없을 텐데 말이다.

노력은 왜 해야 할까

운이 하강 국면에 접어든 사람들이 보이는 공통적인 특징 가운데 하나가 초점을 잘 못 잡는 것이다. '눈에 뭐가 씌었다'고 후회하는 일을 벌인다. 매우 애를 쓰지만 자세히 들여다보면 엉뚱한 데 힘을 쓴다. 예를 들어 취업을 하겠다고 부지런히 이력서를 넣고 시험을 보는데 하나도 되는 게 없다. 실력과 상관없이 눈높이가 상당히 올라가 있다든가, 분야가 타고난 본성과 잘 맞지 않다든가 하는 경우이다.

이러한 하강 국면에서 중심을 잡아주는 가장 강력한 구원투수로 등장하는 것이 노력이다. 물론 상승 구간에서도 노력은 필요하다. 이때는 절로 노력하게 되는 것이라 노력도 타고나서 운이 좋은 사람은 노력하게 되는 것이다.

운명은 정해진 것이라고 하면 "그럼 노력해도 소용없겠네요?" 하고 되묻는다. 다 결정되어 있는데 왜 노력을 해야 하는지 이해를 못

운명에 만약은 없다

하겠다는 것이다. 이 질문에는 노력하면 정해진 자기 운명을 벗어날 수 있다는 그릇된 생각이 담겨져 있다.

노력은 운명을 벗어나기 위해 하는 것이 아니다.

자기 운명에 정해진 복을 찾아 먹는 도구가 바로 노력이라고 할 수 있다. 목적지까지 가는 길에 커다란 바위가 놓여 있다면 옆으로 비켜가야 하지 않겠나. 노력이라는 것은 그 길을 벗어나는 게 아니라 바위 옆으로 비켜서 자기 갈 길을 가는 것을 일컫는다. 아니면 바위를 치우고 가든가.

우리가 알아야 할 것은 그 노력조차 인간의 뜻대로 되지 않는다는 점이다. 게으른 사람이 있고 부지런한 사람이 있듯이 엄청 노력을 하는 사람이 있는 반면, 힘 안 들이고 살 궁리만 하는 사람도 있다. 로또를 맞는 사람은 로또를 사는 노력, 그게 자기 노력인지도 모르고 하기 때문에 로또에 맞는 것이다. 사지도 않는데 로또 맞기를 바라는 건 앞뒤가 맞지 않다. 순리에 맞게끔 행동하는 것, 이것이 다름 아닌 노력이다.

노력은 많은 결실을 맺게 해준다. 태어나 숨을 쉬는 순간부터 인간의 행동에는 노력이 곳곳에서 작동하고 빛을 발한다. 다만 노력을 해도 안 되는 순간에 부딪힐 때가 있다. 이 순간이 바로 정해진 운명의 순간이다. 선천으로 타고난다.

가만히 앉아서 듣기만 했는데도 시험을 보면 항상 1등을 놓치지 않는 사람이 있다. 사람들은 타고난 천재라고 입을 모아 칭찬한다. 이런 천재 뒤에는 죽어라 노력하는 2등 3등 4등이 있다. 노력형 인재들은 1등보다 몇 배 더 노력해도 천재형 1등을 뛰어넘기 힘들다. 그 정도 되면 타고난 두뇌와 자신의 한계를 인정하지 않을 수 없다.

노력하면 된다고 말하면서도 말처럼 안 되는 것은 노력하는 그 의지조차 선천성으로 타고나기 때문이다. 정해진 운명 속에 노력의 양 또한 내정되어 있다. 게으른 자에게는 논 서마지기도 무용지물이다. 매일 놀 궁리만 하는 아들에게 100억 매출의 사업체를 물려줘도 금세 말아먹는다. 국회의원 금배지를 달아도 노력 없이는 다음을 기약할 수 없다. 노력은 없는 것을 가져다주지는 못하더라도 현상유지는 하게 해준다.

나를 지키겠다는 결심을 하고 그것을 행하라.

운명을 공부하는 것은 선천적 소질과 그 사람의 성격과 노력을 측정하기 위함이다. 우주는 천인지(天人地) 삼변의 구성 원리로 삼위일체로 운동한다. 소우주인 인간도 마찬가지다. 천(天)에 해당하는 운과 지(地)에 해당하는 환경, 인(人)에 해당하는 노력이 삼위일체로 움직일 때 흡족한 결과가 주어진다.

정해져 있는 운명의 시간을 천시(天時)라고 한다. 태어날 때부터 정해져 있는 복의 시간이 천시이다. 부모복, 형제복, 부부복, 자손복, 공부복, 직업복, 재산복, 건강복 등등을 타고난다. 노력은 이 복이 새지 않게 담아두는 그릇이다. 그릇이 작으면 주어진 복도 다 담지 못한다.

하늘의 시간에 아무리 많은 복을 태워줬어도 땅의 환경이 나쁘면 다 구현할 수 없고, 인간의 노력이 부족하면 받을 수 있는 그릇 크기가 쪼그라들고 마는 것이다. 노력을 해야 하는 이유가 여기에 있다. 노력을 안 해도 거저 주어지는 게 아니다. 타고난 복을 간수(看守)하기 위해서는 타고난 노력을 하게 되어 있다.

운이 좋은 흐름으로 상승 국면에 접어들면 성공의 노력을 하게 되고, 운이 나쁜 흐름을 타면 실패의 노력을 하게 된다. 아무리 해도 안 되는 일이 있고, 노력하지 않았는데도 되는 일이 있다. 무능해도 한 자리 차지하고 지도자 노릇을 하는 사람이 있는가 하면, 능력만큼 출세하지 못하는 사람도 있다.

재물도 마찬가지이다. 의도치 않았지만 사놓은 땅이 부동산 가격 폭등기가 와서 큰 수익을 내기도 한다. 고객 자산은 몇 십 배 불려줘도 본인 자산은 제자리걸음인 재테크 전문가도 있다.

소질 있는 사람이 아무리 노력해도
때가 안 맞으면 의도한 결과를 낼 수 없다.

그리고 무수한 노력을 해왔고 때도 맞으나 도와줄 사람(인덕)이 없으면 또 원하는 대로 이룰 수 없게 된다.

대표적인 사례가 선거에 패배하는 정치인이다. 아주 유력한 정당의 후보가 있었음에도 공천도 못 받은 후보자가 당선되는 등 예상을 뒤엎는 결과를 접할 때가 많다. 공천 받을 가능성이 없었던 후보가 무공천으로 출마 자격을 얻기도 한다. 선거에 나선 후보들이 누군가는 유세를 열심히 하고, 누군가는 성의 없게 유세해서 당락이 결정되는 것인가. 그 순간만큼은 누구나 인정할 만큼 모든 후보가 최선을 다하지만, 결과는 다르다.

노력도 하고 주변 환경의 지지를 얻음에도 원하는 결과를 얻지 못할 때 스스로 '운이 나빴다'라는 말을 한다. 운이 나빠서 혹은 지지를 못 받아서, 그 사람이 노력하지 않아서 등 결과가 결정되어 있다는 것을 은연중에 받아들이고 있다.

매사 마음먹기 달렸다고는 하지만, 내 마음을 내가 조절할 수 없다. 내가 자연과 한 뿌리이기 때문에 시간과 공간이 맞아야 조절할 수 있는 기운이 오게 된다.

시간의 운, 공간인 환경, 인간의 노력이
삼위일체로 움직여야 마음도 조절할 수 있다.

노력 자체가 성공으로 귀결되지는 않지만 노력했던 것이 기회를

운명에 만약은 없다

맞으면 성공하게 된다. 따라서 성공할 수 있는 사람은 운 좋은 사람이 아닌 칠전팔기의 노력으로 기회를 기다리는 사람이다.

길흉화복(吉凶禍福)은 운(運), 환경(環境), 노력(努力)의 삼합(三合)원리의 결과물이다. 그래서 동양철학에서는 3이 완성수 대접을 받는다. 인간은 세 가지를 모두 갖추어야 하나의 완성체로 움직이는 것이다. 세 가지를 생각해야 하지만 보통 두 가지를 가진 상태에서 멈춘다. 한 가지만 틀어져도 성공의 열매를 딸 수 없다. 인생에서 운, 환경, 노력이라는 3박자가 다 맞을 때가 몇 번이나 오겠는가?

노력은 타고난 그릇을 아는 것이다. 노력했던 것이 기회를 맞아 성공하니, 노력은 기회를 잡으려고 하는 것이다. 노력 자체가 성공으로 귀결되지는 않는다.

노력하는 에너지까지 운명에 결정되어 있다고 하면 절망감을 느낀다. 절망 가운데 다시 일어나려는 노력을 하는 사람이 있고, 될 대로 되라는 식으로 사는 사람이 있다. 택할 수 있다면 전자를 택해야 한다. 가난한 사람의 운명만 결정된 것이 아니라 부자 또한 마찬가지이다. 사주 명리학은 단지 자신의 운명을 바로 알고, 어떻게 잘 살아갈지 지혜를 빌려준다.

운명 안에는 길흉화복이 내재되어 있다. 자연의 기운은 음양이기 때문에 길과 흉, 화와 복이 음양으로 함께 다닌다. 그래서 길(吉)한 운이라 잘 풀린다고 기고만장해서는 안 되며, 후에 흉(凶)이 따라오고 있다고 생각해야 한다. 반대로 흉 다음엔 길이 기다리고 있다. 속도나 정도가 다를 뿐이지 누구에게나 적용된다.

'명리 공부는 마음공부'인 까닭이 여기에 있다.

나쁜 일이 있어도 공부한 만큼 원망하는 마음이 줄어들기 때문에 고통이 적어지고 빨리 마음을 진정할 수 있게 된다. 인간은 자기도 모르는 사이에 구원받는 존재이다.

좋은 사주를 택해
제왕절개로 태어난다면?

여성의 사회 진출이 활발해짐에 따라 결혼 적령기가 많이 늘어졌다. 결혼적령기라는 말도 잘 안 쓸 정도로 결혼을 미루거나 포기하는 사람도 많다. 자연히 자녀의 출산도 늦어지고 고령 산모가 많다 보니 인공분만이 나날이 늘어나고 있다. 자연분만과 인공분만이 거의 반반 비율이라고 한다.

인공분만을 해야 할 상황이면 좋은 날을 골라서 낳겠다는 부모들이 많다. 받아둔 날짜 있으면 그때 제왕절개를 해주겠다고 의사가 물어보기도 한다. 피치 못할 여건이 아니라도 가족이 좋은 날을 택해서 낳겠다는 경우도 있다. 내 아이는 나보다 더 윤택하고 행복한 인생을 살게 하고 싶은 부모의 간절한 바람이 출산택일의 가장 큰 이유일 것이다.

그렇다면 누구나 좋은 때에 맞춰서 태어나면 안 될까?

좋은 날을 받아서 출산하면 이 아이 사주는 만들어진 사주가 아닌가. 만들어진 사주도 운명이 될까? 대답부터 하자면 택일한 사주가 그 아이의 운명이 맞다.

사람의 모든 일은 하늘의 이치에 따라 정해진다. 인공분만을 택할 수밖에 없는 부모의 결정도 태아의 운명이다. 인공분만 의술이 없던 옛날에는 출산하다가 산모와 태아 모두 목숨을 잃는 경우도 많았다.

2002년에 파평 윤씨 묘역에서 발굴된 미라는 출산하다가 사망한 미라였다. 미라를 X레이로 찍었더니 아기 머리가 질 입구까지 내려와 있고 자궁은 파열된 상태였다고 한다. 문정왕후의 종손녀라고 밝혀졌다는데 요즘으로 치면 상위 1퍼센트 귀족층 아닌가. 그런데도 태어나지도 못하고 엄마와 함께 묻혔다. 그럼에도 만인에게 자기를 알리는 운명인지, 500년 뒤에라도 자기 존재를 드러내었다. 세계 최초 모자 미라라고 비상한 관심을 모았다.

좋은 사주로 태어날 아이는 자연분만을 해도,
인공분만을 해도 좋은 사주로 태어난다.

인위적으로 조작하려 해도 천시가 허락하지 않으면 좋은 사주에 태어날 수가 없다. 태어난 날이 호흡의 시작일이니 인공분만이든 자연분만이든 그 사주가 그 아이의 정해진 운명이다.

운명에 만약은 없다

출산택일은 첫째 부모의 자손 복에 영향을 받고, 둘째 의사 인연이 있어야 하고, 셋째 택일하는 명리학자의 수준에 따라 달라진다.

아무리 좋은 사주를 받아 제왕절개로 낳는다 해도 의사가 정해진 시간에 도착 못하고 미뤄지면 말짱 도루묵이다. 의사 인연도 태어날 아이의 운명 속에 있는 것이다. 또 좋은 날이라고 받아왔는데 엉터리 점쟁이한테 받아온 것이면 어쩔 텐가. 그건 아무도 모르는 일이다. 부모가 어떤 수준의 상담가에게 가서 날을 받아온 건지, 그것도 부모의 운명 안에 있는 것이다.

이외에도 여러 가지 변수를 감안하면 아무리 인위적으로 사주를 조작해도 생명은 부모의 자손 복이라는 그릇 안에서 태어난다. 부모의 자손 복을 떠난 자식은 자연이든 인공이든 태어나지 못한다.

결국 탄생은 하늘의 뜻이다.

또한 인위적으로 받은 사주에 태어났다고 해서 완전 극적으로 다른 운명을 타고 나는가 하면 그것도 아니다. 사주의 연월일시는 이미 태월(胎月, 임신한 달)에서 결정되었기 때문이다.

난임으로 고생하는 부부도 많다. 자연임신이 어려워 시험관 아기나 인공수정을 시도하는데, 여러 번 시도해도 자녀가 생기지 않아 결국 이혼하는 경우도 있다. 아이가 안 생겨서 이혼하는 사람도 있지만 대개 그 과정에서 서로 멀어진다.

아내나 남편이 서로 외도를 할 수도 있고, 시술의 과정이 힘들어서 그만두면서 소원해지기도 한다. 그렇게 돈을 많이 들여서 인공 시술을 하는데도 아이가 안 생긴다고 시부모가 며느리를 미워하기도 한다. 장인장모도 사위를 곱게 보지 않는다.

그런가 하면 낳자마자 버려지는 아이도 있고, 태어나자마자 아이 숨을 부모가 직접 끊어버리기도 한다. 부모의 자손 복이라는 그릇 안에 탄생한다는 것이 이런 의미이다.

과거에는 현조(玄祖)인 5대조까지 집안에서 묘사(墓祀)를 지냈다. 4대조는 고사, 3대조부터는 제사를 지낸다. 5대 조상까지 음덕을 쌓아야 고귀한 한 생명이 태어난다. 후손이 조상을 기리는 것은 당대 탄생에 대한 감사를 제사라는 의식을 통해 표현하는 행위이다. 부모가 2명, 조부모가 4명, 증조부모가 8명, 고조부모가 16명이므로 현조부모는 32명이다.

성을 물려주는 부계 혈통으로는 한 명이지만, 아버지를 낳아준 부모, 그 부모를 낳아준 부모의 부모까지 거슬러 올라가면 현조 할아버지는 16명, 현조할머니까지 합하면 32명이나 된다. 풍습으로 역산해 본 수치만 해도 '나'라는 사람이 태어날 때는 무려 32명의 자손 복이 실타래처럼 얽혀있다.

고명한 스님이 설법할 때나 사주 명리학자들이 조상 공덕을 말하는 것이 공허한 소리가 아니다.

조부모들의 음덕이 선행되면 좋은 사주를 받아 태어난다.

한 생명의 탄생은 자연적으로 좋은 때와 환경에서 임신이 된다. 운은 흐름이다. 물려줘도 지키느냐 못 지키느냐는 후손에 달린 것이지만, 재물과 건강이 세습되는 것은 어떻게 보면 자연스러운 현상이다.

자기 아이가 나보다 조금이라도 더 나은 삶을 살기를 바란다면, 출산택일에 연연할 게 아니라 그 아이를 임신할 때 좋은 몸과 마음의 상태를 만드는 게 더 현명한 일이다. 합방택일이 출산택일보다 훨씬 더 중요하다. 왕의 합방일을 관상감에서 택해서 정해준 이유를 곰곰이 생각해 보라. 귀한 운명은 그만큼 귀하게 시작된다.

결혼으로 내 운명이 바뀔까?

한 생명이 세상에 태어나는 일이 이토록 어렵고 많은 인연의 작용이 있어야 하는데, 그 첫 발을 떼는 게 결혼이다. 연애 경험이 많은 사람이 결혼하면 바람 안 피고 잘 산다는 말도 한편 맞는 말인 게 평생 짝짓는 인연을 결혼 전에 다한 것으로 볼 수도 있겠다.

결혼만큼 어려운 일이 또 없다. 집안은 아무 상관없이 두 사람만 좋으면 되는가 하면 그것도 아니다. 한집안의 5대째 운명과 또 다른 집안의 5대째 운명이 결합하는 것이니 만큼, 인간에게 있어서는 화성과 금성이 충돌하는 만큼 기(氣) 파동이 일어난다. 이 파동 속에서 서로가 자석처럼 딱 붙어 더 큰 시너지를 일으키는 사람들이 있는가 하면 N극과 S극처럼 만나면 안 되는 기를 가진 사람들도 있다.

궁합을 보는 것은 이 에너지가 조화로운가를 보는 것이다.

운명에 만약은 없다

궁합을 보러 갔더니 결혼하면 남자가 죽는다, 여자가 바람피운다, 자식이 없다 이런 소리 하면 그냥 흘려듣는 게 이롭다. 상담하는 사람이 우주를 관장하는 사람이 아닌데 그것을 어떻게 장담하겠는가. 결혼을 안 해도 자기 운명이 죽을 운명이면 죽는 것이고, 결혼해도 연애를 계속 할 사람은 계속 하는 것이다. 거의 자기 운명의 큰 틀을 벗어나지 못하고 살아간다.

그럼에도 우리 인간은 연약한 존재라서 결혼을 통해 뭔가 보태려는 욕심을 자꾸 부린다. 결혼도 자유의지가 강하게 작용한다. 눈에 보이는 재산을 포함해 학벌, 직업, 사랑, 외모, 성격 등 자기가 갖고 싶은 것을 결혼을 통해 이루려는 속성이 있다.

자연의 이치로 생각해 보자. 대개 결혼을 통해 이득을 바라면 누군가는 손해인데, 그런 이치가 타당한가? 결혼은 손익 계산을 하는 사업이 아니다. 좋은 결혼이라는 의미에 대해 각자 가치관을 다시 정립해야 하지 않을까.

그럼에도 고르고 골라서 한 결혼이라면 행복한 결혼이어야 할 텐데 왜 이혼할까. 자기 운명이 있는데 다른 운명과 결합했다고 해서 내 운명이 바뀌는가, 안 바뀐다. 그러니 결국 이혼할 사람은 이혼하게 된다.

전통적으로 토일간(土日干) 여성의 사주에 목(木)은 관(官)을 의미하고 이를 남편 복으로 해석하고 있다. 다토무목(多土無木)한 여성이 결혼 상담에서 궁금해 하는 게 두 가지이다.

첫째, 목이 없으면 진짜 결혼을 못하는가.

둘째, 목이 있는 남자와 결혼하면 되나.

결혼을 아무리 말려도 자기 운명이 결혼해서 고생할 운명이면 결혼하는 것이고, 아무리 좋은 사람이라고 해도 고독하게 살 운명이면 결혼을 못 하는 것이다.

과거 여성이 결혼을 통해서만 생계를 유지할 수 있었을 때는 목(木)을 남편 복으로 봤지만 지금 그렇게 단순하게 상담하다가는 내 목에 거미줄을 칠 것이다.

결혼해도 배우자는 배우자의 운명대로 자기 인생을 살고
본인은 본인 인생을 산다.

결혼이나 궁합은 그 어떤 주제보다 훨씬 더 복잡하고 자세하게 끊임없이 공부해야 상담이 가능하다. 설마 목(木)이 없다고 결혼을 못하면 이미 결혼한 사람 가운데 확률 20퍼센트는 억지 결혼으로 생고생하는 격이 아닌가.

목이 없으면 진짜 결혼을 못하는가? 아니다! 목이 있는 남자와 결혼하면 되나? 아니다! 그 목은 그 남자 것이다.

"당신은 말을 그렇게밖에 못해? 재수 없어."

목이 많은 사람이 볼 때 목이 없는 사람이 하는 말은 다 팩트 폭격이다. 그러니 재수 없고 싸가지 없게 느껴질 수밖에 없다.

운명에 만약은 없다

"당신은 왜 그렇게 행동해? 이게 말이나 돼?"

목이 없는 사람이 볼 때 목이 많은 사람은 엉뚱하고 이해하지 못할 짓을 일삼는다. 그러니 망나니 같은 짓으로 보일 수밖에 없다.

목은 '발생'이라는 본질을 갖고 있다. 뭔가 논리적으로 이해되지 않더라도 툭 튀어나오는 기운이 있다. 좋은 말로는 창의적, 나쁜 말로는 제멋대로이다. 목이 많은 사람은 자기가 하는 행동이 뭐 어때서라고 생각하기 때문에 언제든지 뭐든 가능하다. 대낮부터 술독에 빠진다든가, 당장 내일 나갈 차비도 없으면서 남은 돈을 다 털어서 다른 사람에게 준다든가. 이런 행동들이 목이 있는 사람은 가능하고, 목이 없는 사람은 이해불가이다.

목이 없는 사람은 발생 기운이 없기 때문에 원인과 결과를 항상 찾는다. 앞뒤가 똑같아야 한다. 하나를 받았으면 하나를 주고, 하나를 줬으면 하나를 받고 싶어 한다. 빚지고는 못 사는 성격이 나중에는 지고는 못 사는 성격으로 발전하기도 한다.

목(木) 하나 있고 없고에 따라서도 이렇게 엄청난 차이를 보인다. 서로 달라도 너무 다르다. 그런데 목이 없는 사람이 목이 있는 사람과 결혼해서 부부로 만나면 끝까지 잘 살까? 천간, 지지, 그 사이에 숨은 지장간, 사주에서 길흉화복을 예측하는 도구인 12운성, 합충형파해, 십성, 신살 등을 다 따져 봐도 알 수 있을까 말까이다.

상담가는 끊임없이 공부해야 하고, 내담자는 수준 높은 상담가를 찾아야 하는 이유가 여기에 있다.

결혼 인연은 서로가 좋고 나쁜 게 있어도
그것이 곧 길흉을 의미하지는 않는다.

　결혼은 감정과 협력에 좋고 나쁜 관계는 있지만, 서로에게 길흉의 원인제공자는 아니라는 말이다.

　나는 더워, 여름이야, 선풍기나 에어컨이 있으면 좋겠어, 시원해지니까. 상대방이 선풍기나 에어컨이라고 해서 내가 겨울이 되는 건 아니다. 반대로 선풍기나 에어컨을 기대했는데 부채질을 열심히 하면 어떤가? 그 부채질이 애처롭고 고마운 사람도 있고, 쓸데없다고 느끼는 사람도 있고, 에어컨 찾아서 떠나는 사람도 있다. 그래서 사랑해서 헤어지는 일도 생긴다.

　또 내가 겨울인데 상대방이 부채질을 자꾸 하면 좋을까? 부채질도 더울 때 해주면 고맙지만 추울 때 해주면 약만 오른다. 절대성으로 부부 인연을 봐야 하는 것이다. 내가 그 부채질이 필요한 사람인지 아닌지 아는 것이 우선이다. 자기 본질에 집중해야 좋은 배우자를 만날 수 있다는 의미이다.

　결혼으로 인해, 배우자로 인해 내 수명이나 재산이 줄어들거나 늘어나지 않는다. 이 사람 때문에 이혼을 하거나 잘 살거나 그런 게 아니다. 인생에서 가장 큰 인연을 맺는 배우자는 나를 도와줄 수도 있고 안 도와줄 수도 있는 그런 존재일 뿐이다. 이혼을 해도 내가 하는 것이고, 잘 살아도 내가 잘 해서 사는 것이다. 이 모든 것이 자신

　　　　　　　　　　　　　운명에 만약은 없다

안에 내재되어 있다.

인연은 나를 중심으로 일어나는 모든 현상이다.

만나고 헤어짐의 시작에 부모가 있고, 인연의 결실에 자녀가 있다. 인연을 찾아가서 만나면 운명이고, 인연이 찾아오면 숙명이다. 인연이라면 어찌되었든 현상으로 드러난다.

시위를 떠난 화살은
돌아올 수 없다

이십여 년 전 유명 여배우를 가끔 상담해 주었다. 어떤 날은 작품을, 또 어떤 날은 인연을 묻기도 했다. 하루는 결혼하고 싶은 사람이 생겼다며 상담을 청했다.

"본인은 7월 기토(己土) 일간(日干)입니다. 천기를 받을 때 상관(傷官)에 역마귀인까지 있어서 남다른 총명함과 예리한 관찰력으로 예능 예술 분야에 재능과 인기가 특출합니다. 상관은 봉사 희생 성분과 인정이 많아서 동정심도 강하나, 안으로는 부정 비판 저항적 기질이 숨어 있지요. 기토에 을목(乙木)이 있으니 독신주의는 아닙니다. 상관격에 을목은 기신이 되고, 유축(酉丑)으로 삼합하여 축토(丑土)가 금국(金局)으로 변하여 을목은 뿌리내리지 못하므로 남편 복이 없어서 결혼을 못 하고, 편관(偏官)이 되어서 재취자리가 되는데, 축토 속 계수 때문입니다. 결혼하려는 그 사람 다른 여성 안 만나는지

운명에 만약은 없다

잘 살펴보세요. 을목이 뿌리내리지 못하고 축중 계수의 생조를 받아 돈 때문에 유지하는 정도인데, 지금 돈은 잘 버니 그럴 일이 없지요. 수가 재산 복인데 신금 속에 임수는 정재가 되어서 대중에 인기가 높고, 활동과 노력은 많이 하나 결과는 샘은 있고 호수가 없는 것과 같아요. 축토 속에 편재가 있어서 재산 복인 수(水)가 들어도 부모 형제자리에 화 기운이 강하여 수가 마르게 되니 부모 형제를 돕고 봉사하는 데 다 씁니다. 이런 경우에 특별한 이유가 아니면 결혼을 꼭 해야 하는 건 아닙니다. 그보다는 건강관리 잘 하세요."

사주 명리학을 공부하지 않은 사람에게는 '이게 다 무슨 소리인가' 싶을 테다. 운명 안에 남편은 있지만 결혼 운이 좋은 것은 아니며 인기를 얻고 돈을 벌어도 다 가족들에게 갖다 주는 돈이다. 특히 운의 흐름상 54~58세 사이에 종명(終命)할 운이니 건강을 잘 살피라고 에둘러 말한 것이다.

대한민국이 다 아는 이 배우는 57세에 종명했다. 기토가 경금 대운(54세~58세)으로 흐르는 사이에 있는 임인년 양력 5월이었다.

나는 상담을 하면서 수명에 대해서는 특별한 경우를 제외하고는 천수를 논하지 않는다. 정확히 알기도 너무 어렵지만 죽음은 땅의 일이 아닌 하늘이 관장하는 것이고, 저승은 현상이 없는 비구상의 상념 세계(공간)로 인식하기 때문이다.

명리의 마지막 관문은 수명운이다. 특히 죽은 자의 사주를 묻지 않는다. 결과론적인 사견이 들어가고, 남의 죽음보다는 내 죽음 공부가 더 절실하기 때문이다.

이 사례를 논하던 중에 문하생이 물었다. 자살은 명을 어떻게 봐야 하냐는 것이다. 태어날 때 자기가 타고나온 명이 있는데 스스로 끊었으니 운명으로 봐야 하는지, 운명을 거역한 것으로 봐야 하는지. 자살하는 사람 수명을 어떻게 봐야 할지 궁금해 했다.

사람들은 툭 하면 죽고 싶다는 말을 입에 달고 산다. 실제로 옮기는 사람도 있다. 운명에는 수명도 들어 있어서 죽고 싶어도 못 죽으니, 툭 하면 죽고 싶다는 말보다는 살겠다는 입버릇을 들이는 게 더 나을 것이다.

대형 사건이나 재난으로 많은 사람이 뜻밖에 목숨을 잃는 경우가 있지만 그 속에서도 사는 사람이 있다. 일가족이 자살시도를 했지만 아이들만 죽고 부모만 살아남은 경우도 있다. 아파트 고층에서 아이가 떨어졌지만 나뭇가지에 걸려 구사일생 목숨을 건지는 일도 있다. 다양한 이유로 죽음의 위기를 겪지만 사는 사람은 살고, 죽는 사람은 죽는다. 운명 안에 수명도 들어 있기 때문이다. 자살이라고 해서 특별히 자유의지로 종명하는 게 아니다.

연예인들이 댓글 때문에 자살하는 경우가 많지만 운명적 요소가 아니라고 할 수 없다. 더한 악플에도 끝까지 잘 살고 사랑을 더 많이 받는 경우가 있지 않은가. 근거 없는 이야기에 휘둘리고, 작은 일에도 우울해지며, 급기야는 충동적인 선택을 할 때 그 선택조차 여덟 글자 안에 있다.

　때가 오면 천지가 힘을 모아주고 운이 떠나면 스스로 할 수 있는 일이 없다. 사주가 우리에게 주는 의미는 '그럴 리(理)가 없다 해도, 그럴 수(數)는 있다'는 것이다.

육신(六神)은 사주에 들어 있는 여섯 가지 본질을 높여서 부른 말입니다.

첫째, 일간. 나를 일컫습니다. 아신(我神)이라고도 합니다.

둘째, 비겁. 비견과 겁재의 줄임말로 형제자매나 이와 동등한 입장에 있는 동료, 친구, 선후배입니다.

셋째, 식상. 식신과 상관의 줄임말로 여자에게는 자식을 의미합니다.

넷째, 재성. 정재와 편재로 나뉘는데 재물의 뜻도 있고 남자에게는 아내, 여자에게는 시댁, 남녀 모두에게는 부친을 의미합니다. 과거 고법 명리로 보면 여성이 경제활동을 안 했기 때문에 결혼 전 친가의 재산 정도와 결혼 후 시댁의 재산 정도를 이 재성으로 파악했습니다.

다섯째, 관성. 정관과 편관으로 나뉘는데 남자에게는 자식을, 여자에게는 남편을 의미하고, 공직 혹은 리더에 오를 수 있는 운이 얼마나 있는지 알 수 있습니다.

여섯째, 인성. 정인과 편인으로 나뉘는데 도장 인(印)을 써서 관리직 운을 살펴볼 수 있습니다. 예전에는 어머니가 한 집안을 관리했기 때문에 모친을 살피는 자리이기도 합니다.

십신은 이 육신 가운데 나를 제외한 다섯 가지 신을 음양으로 나눈 것입니다.

자성을 보는 비견과 겁재, 설기를 보는 식신과 상관, 재성을 보는 편재와 정재, 관성을 보는 편관과 정관, 인성을 보는 편인과 정인 이렇게 일간(자신)의 음양과 어떻게 만나는지에 따라 나누는 것입니다.

이 십신은 하늘에서 내려주는 기운이지요. 자신에게 있는 것과 없는 것은 자신의 탓이 아닙니다. 그렇게 타고난 것이지요.

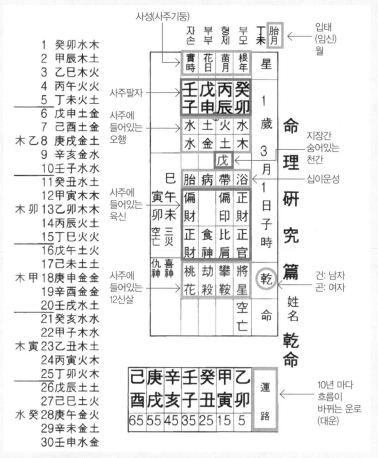

• 제산 선생으로부터 전해내려오는 간명 사례.

 수기로 전하는 것을 컴퓨터 프로그램으로 만든 것. 2023년 음력 3월 1일 자시생 남아를 예시로 든 것.

Chapter 3

운명의 가장 큰 축,
사주

서양의 심리학,
동양의 사주 명리학

좋고 행복한 일상을 보내는 사람이 명리에 관심 갖는 경우를 거의 본 적이 없다. 힘든 일을 한두 번 겪을 때까지는 자기 의지로 이겨내 보려고 하지만 계속되면 갑자기 불안감에 휩싸인다. 고통은 영원히 끝날 것 같지 않고, 어떡하지 싶은 마음이 들면 그때 불쑥 자기도 모르게 '사주팔자나 한번 볼까?' 싶어진다.

역사 이래로 이만큼 과학이 발전하고 정보가 홍수를 이루는 때가 없었는데, 과학도 정보도 다 소용없을 것 같은 숨 막히는 순간에 사주 명리에 기대고 싶은 마음이 생긴다.

인간의 눈에는 보이지 않는 운명의 정해진 행로가 있다. 답을 구하는 것은 인간으로서 가지는 당연한 갈급함이다. 그래서 더욱 운명가들에게는 이들의 마음을 안심시키고 위로할 소임이 있다. 행복한 사람들은 우리를 찾지 않는다.

운명에 만약은 없다

궁금한 게 없다면 잘 살고 있는 것이다.

사주 명리로 운명을 본다는 것은 음양오행과 사주 여덟 글자에 담긴 의미를 파악하는 것이다. 일간 오행 한 글자만 알아도 자신을 이해한 느낌이 든다. 성격의 장단점도 일면 수긍하게 만든다. 사주 명리를 받아들인 사람과 사주 명리를 잡설로 치부하는 사람은 자신이 겪는 문제를 대하는 태도가 다르다. 사주 명리는 삶이 힘들다고 느끼는 사람들에게 열리는 비상 탈출구와 같다.

욕심은 다 똑같다.

정치인이나 사업가나, 재벌이나 보통 사람이나 돈과 사랑, 이 두 가지를 갖기 위해 평생 애쓴다. 사업이 잘 되기를, 자식이 잘 되기를, 입신양명하길 빌고 또 빌며 힘들 때 찾아와서 나아갈 방향을 묻곤 한다.

힘들 때는 몇 번이고 찾아오면서 잘 될 때는 아무리 조언해도 도무지 귀담아 듣지 않는다. 좋게 봐주면 현재에 충실한 것이겠지만, 자기에게 도취되면 다른 사람의 충고나 조언이 귀에 들어오지 않는다. 이런 사람에게 사주 명리는 더 이상 소용이 없다.

나의 스승 제산선생에게 흠뻑 빠져 헬기 타고 만나러 오던 포항제철 박태준 회장도 '대통령에 출마해도 YS에게는 안 될 것'이라 말한 다음부터는 발길이 뜸해졌다. '토정이 살아있는 것 같다'며 그렇게 가까이 했으면서도 말이다. 삼성그룹 임원 승진 여부를 함께 결정할 정도로 가까웠던 이병철 회장도 '삼남에게 그룹을 물려주라'는 제산선생의 조언을 들은 뒤로는 거리를 두었다. 박태준 회장은 김영삼 전 대통령에게 밀려 대통령 후보도 되지 못했고, 삼성은 장남이 아닌 삼남에게 그룹이 승계되었다. 결국은 제산선생의 예언대로 실행되고 말았다.

사주 명리는 확실히 현재가 아닌
미래를 알고자 하는 욕망의 출입문이다.

미래를 알고자 하는 욕구는 오욕칠정을 넘어선다. 불교에서는 인간에게는 감각기관을 통해 색(色), 성(聲), 향(香), 미(味), 촉(觸)의 다섯 가지 원초적 집착이 생긴다고 설명하고 있다. 다섯 가지 집착이 인간의 욕망과 결합해 성욕, 식욕, 재물욕, 명예욕, 수면욕을 만들어 낸다.

오욕은 현재 해소되지 않은 생각 혹은 마음이다. 당장 먹고 싶은데 못 먹으니 식욕이 생기고, 지금 지위보다 더 높이 올라가고 싶으니 명예욕이 생긴다. 자기 손에 쥐고 있는 것보다 더 많이 가지길 원하니 재물욕이 생기고, 현재 해소되지 않으니 성욕이 생기는 것이다.

운명에 만약은 없다

당장 내 손에 없는 것을 과연 어느 때 쥐게 될지, 쥘 수나 있는 것인지, 쥘 수 없다면 어떻게 해야 할지 궁금한 게 당연하다. 그러니 자신의 운명을 알고자 하는 미래욕은 원초적 본능인 오욕을 능가한다. 점에 빠졌네, 쓸데없는 데 돈을 갖다 붓네 하는 말을 들어도 미래를 알고 싶은 욕구를 스스로 이기지 못한다.

한의학에서 병은 오욕칠정의 해소가 원활하지 못해 스트레스가 쌓이는 것이라고 규정한다. 스트레스가 가득 찬 현대인들이 명리에 관심을 가지는 것은 지극히 자연스러운 일이다.

사주 명리는 알면 알수록 과학적이라 하나를 알면 둘을 알고 싶고, 둘을 알면 셋을 알고 싶어 빠져드는 매력이 있다. 명리 이론에 사주 여덟 글자를 대입해 보면 자신을 좀 더 알고 싶어진다. 운명이 이끄는 좁은 길 위에 서 있음을 실감하고, 우주가 분열한 또 하나의 우주임을 깨닫는다.

서양에서는 심리학이 카운슬러들에 힘입어 학문의 영역으로 발전했다면, 동양에서는 특히 한국에서는 그 정신적 지주 역할을 사주 명리학이 대신해 왔다.

사주 명리는 취미도 점술도 아닌
실용 방법론

고대인들은 천문의 변화를 시간으로 구분하여 자연현상의 순환을 밝혀내고 계절의 변화와 기후를 예측하여 농업생산력의 발전에 활용하였다. 정착하여 농사를 짓고 살게 되면서 각종 천재지변을 겪게 되자 하늘을 관찰하게 되고 천문학이 생겨났다. 시간을 통해 우주의 자연현상을 밝혀내고자 했던 노력을 인간에게도 적용하려는 시도가 사주 명리학의 출발점이다.

사주 명리학은 인간이라는 유한한 존재를 자연이라는 무한한 존재에 연결하는 고급함수라고 할 수 있다. 송나라 초반에 서자평이 연월일시 사주 개념을 확립한 이후 명나라의《자평학》이 추가되고,《삼명통회》가 첨가됐고, 불후의 명저《적천수》가 나왔다.

사주 명리학이 중요한 학문으로 각광받던 때가 있었다.

운명에 만약은 없다

《경국대전》에 따르면 관상감에 종사하는 관리를 뽑기 위해 잡과(雜科)를 실시할 때 음양학(陰陽學)으로 과거시험을 보았다고 한다. 오늘날로 치면 기상청 공무원 시험 볼 때 사주 명리학을 시험과목에 포함했다는 뜻이다.

체계적이고 실용적이고 과학적인 학문으로 대접받았던 사주 명리학은 여느 민족 학문처럼 일제강점기를 거치면서 거의 말살되다시피 했다. 사주 명리학자들은 재야로 스며들어 어디론가 사라졌다. 중간에 맥이 끊어지니 학문적 체계가 흩어지고, 역량이 마음껏 펼쳐지지 못해 점술처럼 호도되었다.

물론 동양철학에 포함된 역학에는 점술 기능이 있다. 《주역》의 64괘를 통해 사안별로 예단(豫斷)하는 단시점(斷時占) 등이 육효에서 유용한 점술로 인정된다.

사주 명리는 주역과는 다른 이론 체계라서 구분해야 하는데, 주역에서 출발한 음양이론이 사주 명리학에서도 근간을 이루니 잘 모르는 사람은 점이나 사주팔자가 같다는 오해를 한다.

우리나라에서는 '운명의 이치를 따지는 학문'이라는 뜻에서 명리학(命理學)이라 부르고, 일본에서는 '운명을 추리한다'고 해서 추명학(推命學), 중국에서는 '운명을 계산한다'는 의미의 산명학(算命學)이라는 표현을 많이 사용한다.

원래 일본은 한국이나 중국에 비해 사주 명리학 수준이 뒤처져 있었으나 일제 강점기 이후 그 수준이 한중일 어깨를 나란히 할 만큼 올라왔다. 중일전쟁에 참가한 종군기자가 사주팔자에 관한 중국 문헌을 광범위하게 수집해 반출한 다음부터였다. 일본으로 돌아갈 때 빼돌린 문헌은 자그마치 트럭 1대분에 해당하는 분량이었다는 말이 전해진다. 중국의 문헌을 빼돌린 만큼 한국의 문헌도 수탈해 갔을 개연성은 충분해 보인다.

사주 명리학은 점술과 다른 이론 체계를 가진 과학적인 학문이다. 결혼, 진학, 취업 등 인생의 중요한 변곡점에서 사주 명리학의 도움을 받는 것은 허황된 미신을 믿는 행위는 아니다. 또한 인간의 출생에 대한 이론적 배경을 제시하고 있어서 이는 자아를 탐색하는 학문으로서도 손색이 없다. 서양의 심리학이나 정신의학 못지않게 깊이 파고들만한 학문적 가치가 있는 것이다.

오랜 시간 사람들에게 배척당하기는커녕 하나의 지표로 당당하게 자리 잡은 데에는 그만한 이유가 있고, 선인들은 경험으로써 실리적 측면을 발견했을 것이다.

공자는 50세라는 나이를 일컬어 지천명(知天命)이라고 했다. 하늘에서 나에게 내린 명이 무엇인지 그때는 알 나이라는 것이다. 부모님들은 50대가 돈이 제일 필요할 때라고 말한다. 자식을 키우고, 평생 지낼 집을 마련하고, 노후까지 대비해야 하니 돈이 얼마나 많이 들겠는가. 그러니 50대에 돈이 부족한 것은 당연하다고 열심히 살라는 말씀이다. 유교의 기초를 세운 공자나 부모님들이 하는 말씀에는 이런 공통된 뜻이 있다. '하늘이 명한 자신의 사회활동 여하에 따라 인생 후반기 재산이 좌우된다'는 것이다.

나는 수용형인가, 돌출형인가.

나는 저축형인가, 소비형인가.

나는 이과형인가 문과형인가.

나는 연애형인가, 결혼형인가.

나는 일인자형인가, 이인자형인가.

나는 직장형인가, 창업형인가.

나는 일머리인가, 공부머리인가.

이 같은 수많은 질문에 사주 명리는 실용적 해법을 제시하고 있다.

연월일시 사주의 의미

동양철학의 근본 바탕은 자연이다. 자연의 이치에 따른 우주론적 세계관을 인간의 삶에 투영해 이해하려는 노력으로 발전해 왔다. 사주 명리, 관상, 풍수 등이 천 년 이상 사장되지 않고 이어져 올 수 있었던 것은 인생의 바다에 조타(操舵) 역할을 훌륭하게 수행했기 때문이다. 중요한 결정을 해야 하는 순간마다 심리적 안정과 합리적인 해법을 제시하면서 생활 카운슬링의 자리를 묵묵히 이어왔다.

그 어느 종교보다 심오하고, 그 어떤 과학보다 정교하면서, 때로는 사유의 철학으로 인간의 내면을 더욱 깊게 성장시킨 학문이다. 이 세계는 우주에서 비롯되었고, 인간은 우주 그 자체라는 '소우주론'은 반박할 필요조차 없다.

인간이 태어나는 것은
작은 우주가 하나 생성되는 것과 같다.

운명에 만약은 없다

우주의 생성 운행 원리처럼 인간도 생장소멸을 거듭한다. 음양의 이치에서 태어났고, 몸 안에도 음양이 존재한다. 물상적 측면에서도 우주의 생성원리에 부합하고, 보이지 않는 에너지 흐름으로 운로를 걷고 있는 것 또한 우주의 운행 법칙에서 벗어나지 않는다.

사주(四柱) 연월일시는
사람을 집에 비유한 네 개의 큰 기둥이다.

태어난 해 년주(年柱), 태어난 달 월주(月柱), 태어난 날 일주(日柱), 태어난 시간 시주(時柱)로 구성된다. 연월일시는 자기 운명의 집이 무너지지 않게 받치고 있는 기둥이다.

연월일시(年月日時)는 하늘 기운인 천간(天干)과 땅 기운인 지지(地支)를 두 글자씩 짝을 이루어 여덟 글자로 탄생한다.

사주는 사성(四星)이라고도 한다. 사주를 높여 부르는 말인데 별 성(星)자를 써서 우리가 태어나기 전 북극성, 북두칠성에서 왔다는 견해가 있다. 사주단자를 사성단자라고 부르기도 했다. 인간을 별[성, 星]로 높여 혼인의 중요성과 새로 태어날 생명에 대한 기대를 담았다.

시간상으로 연주는 태양의 기운, 월주는 달의 기운, 일주는 지구의 기운, 시주는 하루의 기운을 품고 있다. 공간 개념으로 구체화된 물상으로 보면 연주는 조상과 부모, 월주는 형제와 친구, 일주는 자기 자신과 배우자, 시주는 말년 혹은 자식을 의미한다.

사주는 근묘화실의 자연 원리에 입각해 있다.

땅에 씨앗을 심을 때 그 씨앗 자체에는 겉으로 꽃과 열매가 보이지 않는다. 이것을 근(根)이라 한다. 연주와 부모 복을 근으로 치는 것이다.

씨앗이 땅속에 들어가면 발아하면서 싹이 튼다. 발아하고 싹이 튼다는 것은 월주, 형제자매와 친구를 의미하는 묘(苗)라고 한다. 싹이 트면 이 식물이 어떤 종자인지 알 수 있지 않은가. 그래서 월주인 묘는 형제자매 친구 같은 또래집단이 미치는 영향을 의미하고, 이는 사회생활의 기본 토대가 된다. 사주에서 월지(月支)를 중요하게 여기는 것은 이미 정해진 운명이 있으나 인간이 이를 다 알지 못하는데, 직업을 통해 한 사람의 본질이 드러나기 때문이다. 따라서 한 사람의 운의 흐름을 직업을 통해 가늠할 수 있게 된다.

화(花) 일주에서는 피어난 꽃을 본다. 일생에서 가장 영화롭고 화려한 시기를 일컫기도 하지만, 운명에서는 자기 자신을 의미한다. 부모형제나 친구 동료 같은 사회관계가 아닌 '나'와 배우자를 보는 것이 일주이다.

실(實) 시주에서는 어떤 열매를 맺을지 드러난다. 자식이 실에 해당하고, '나' 중심으로는 노년의 행태를 보는 것이다.

사주라는 단어 설명을 위해 연월일시에 주를 붙였지만, 화의 일주는 주로 일간이라고 해서 천성(天性)을 보고, 묘의 월주는 월지라 해서 지지의 활동을 본다. 연월일시 네 기둥에 천간과 지지로 한 글자씩 받아 모두 여덟 글자가 된다.

이것이 한 사람의 운명 구성이다. 임신이 되는 순간에 유전자 정보가 새겨지고, 태어나는 순간에 우주의 기운인 시간이 사주로 정해진다. 그렇게 한 사람의 성정(성품)이 결정된다.

천간과 지지가 만드는 육십갑자

● 천간: 하늘의 기운

갑	을	병	정	무	기	경	신	임	계
甲	乙	丙	丁	戊	己	庚	辛	壬	癸

● 지지: 땅의 변화

자	축	인	묘	진	사	오	미	신	유	술	해
子	丑	寅	卯	辰	巳	午	未	申	酉	戌	亥

천간의 10개 축은 10년을 의미하고 지지의 12개 축은 12달을 의미하는데, 이를 한 글자씩 대입하여 처음의 한자가 쌍을 이룰 때를 육십갑자(六十甲子), 회갑이라고 합니다. 한 글자씩 대입할 때는 음은 음끼리 양은 양끼리 만납니다.

운명에 만약은 없다

천(天)／지(地)	갑(甲) +	을(乙) −	병(丙) +	정(丁) −	무(戊) +	기(己) −	경(庚) +	신(辛) −	임(壬) +	계(癸) −
자(子) +	갑자 (甲子)		병자 (丙子)		무자 (戊子)		경자 (庚子)		임자 (壬子)	
축(丑) −		을축 (乙丑)		정축 (丁丑)		기축 (己丑)		신축 (辛丑)		계축 (癸丑)
인(寅) +	갑인 (甲寅)		병인 (丙寅)		무인 (戊寅)		경인 (庚寅)		임인 (壬寅)	
묘(卯) −		을묘 (乙卯)		정묘 (丁卯)		기묘 (己卯)		신묘 (辛卯)		계묘 (癸卯)
진(辰) +	갑진 (甲辰)		병진 (丙辰)		무진 (戊辰)		경진 (庚辰)		임진 (壬辰)	
사(巳) −		을사 (乙巳)		정사 (丁巳)		기사 (己巳)		신사 (辛巳)		계사 (癸巳)
오(午) +	갑오 (甲午)		병오 (丙午)		무오 (戊午)		경오 (庚午)		임오 (壬午)	
미(未) −		을미 (乙未)		정미 (丁未)		기미 (己未)		신미 (辛未)		계미 (癸未)
신(申) +	갑신 (甲申)		병신 (丙申)		무신 (戊申)		경신 (庚申)		임신 (壬申)	
유(酉) −		을유 (乙酉)		정유 (丁酉)		기유 (己酉)		신유 (辛酉)		계유 (癸酉)
술(戌) +	갑술 (甲戌)		병술 (丙戌)		무술 (戊戌)		경술 (庚戌)		임술 (壬戌)	
해(亥) −		을해 (乙亥)		정해 (丁亥)		기해 (己亥)		신해 (辛亥)		계해 (癸亥)

사주 명리의 역할은
안심입명(安心立命)이다

인간은 참으로 어렵게 태어난다. 순간순간 나쁜 생각이 들더라도 '내가 이렇게 어렵게 태어났구나, 참 소중하구나.' 하는 생각이 들면 한순간도 허투루 쓸 수 없게 된다. 원해서 태어난 것은 아니지만, 내가 여기에 있는 데는 그만한 이유가 있다. 지금 이 모습으로 살고 있는 것은 부모의 탓도 내 탓도 그 누구의 탓도 아니다. 타고났기 때문에 그렇게 살고 있는 것이다.

그러면 그냥 살면 되지 사주 명리는 왜 필요한가.

첫째, '나'를 알면 더는 위태롭지 않다.

연월일시에서 일간의 오행은 자기 자신을 의미한다. 일간의 오행 가운데 나는 목화토금수 가운데 무엇인지, 또 음인지 양인지 알면 대략 특징이 파악된다. 성격이 급한지 느긋한지, 표현을 잘 하는지

운명에 만약은 없다

참는지, 호기심이 많은지 주변에 무관심한지, 남의 의견을 잘 수용하는지 자신의 주장이 먼저인지 등등 일간이 의미하는 나의 특징이 있다.

대략이라고 한 것은 이 여덟 글자만으로 특정하지 않기 때문이다. 상대성으로 살펴야 한다. 급한 성격도 어떤 사람과 만났을 때, 어떤 상황에 놓였을 때 급한지 경우가 다르다. 그렇기에 조금이라도 알면 더는 위태로운 마음이 들지 않는다. 지피지기면 백전불태, 백전불패가 아닌 불태(不殆), 위태롭지 않다.

명리는 자기 내면과 불화를 겪는 사람이 자신과 화해하고 사랑하게 되는 가장 자연과 가까운 이론이다. 자기 자신을 사랑하지 않는 사람이 타인과 좋은 관계를 유지하기란 하늘의 별 따기이다. 그만큼 어려운 일이라는 의미도 되고, 명리를 따져 이해하라는 의미이기도 하다. 타인이라는 별을 따기 위해서는 자기 자신이 별이 되어야 한다.

사주 명리학은 그래서 심리학과 닮아 있다. 자기를 알고, 보듬고, 사랑하고 굳센 마음을 먹게 한다. 자존감 있는 사람으로 살아가는 길을 터준다.

자존감이 있는 사람은 궁한 곳에 있어도 궁해지지 않고, 높은 곳에 있어도 떨어지지 않는다. 아무리 힘든 일이 있어도 자신을 믿으면 가시관을 쓰고 있어도 왕관을 쓴 듯 행동 할 수 있는 법이다. 자존감은 자신에 대한 믿음에서 온다. 그 믿음은 자기를 알기 때문에 따라오는 것이다.

둘째, 인간관계의 조화와 부조화를 알 수 있다.

일간을 제외한 일곱 글자는 나와 인연이 된 여러 요소(관계)를 의미한다. 그 가운데에서도 월지를 눈여겨보아야 한다. 월지는 하늘

· 사주 명리가 의미하는 일생 ·

	시(時)	일(日)	월(月)	연(年)	
천간 (天干, 정신)	시간(時干)	일간, 체 (日干, 體)	월간(月干)	연간(年干)	
지지 (地支, 물질)	시지(時支)	일지(日支)	월지, 용 (月支, 用)	연지(年支)	→ 하늘의 기운이 들어오는 자리
지장간 (地藏干)	지지(地支) 속에도 천간(天干, 하늘의 기운)이 스며 있다. 이를 은장(隱藏)이라 한다.				
	실(實)	화(花)	묘(苗)	근(根)	
연령 시기	노년 46세~60세	장년 31~45세	청년 16~30세	초년 0~15세	
	61세~80세	41세~60세	21세~40세	0세~20세	→ 인간수명이 늘어남에 따라 20년 단위로 보는 견해가 많아지고 있다.
육친궁 (肉親宮)	자손	자신, 배우자	형제	부모	
	밤낮	지구	달	태양	
	가정		사회 (월은 사회가 시작하는 자리)		

운명에 만약은 없다

의 기운이 일으키는 변화를 받아들여 어떤 운명을 살아가게 될지 결정하는 데 중요한 변수가 된다.

천간의 네 기둥이 정신적으로 지배하고, 지지의 네 자리는 물질적으로 보이는 현상을 지배한다. 천간의 일간이 고정된 체(體)라면 지지의 월지는 변화를 받아들이는 유연한 쓰임새, 용(用)이다.

크게 성공하는 사람은 주변에 시시때때로 도와주는 사람이 있다. 정해진 운명을 살아갈 때, 혼자의 노력이나 판단이 미비할 때 월지에 든 오행이 어떻게 작용하는지를 파악해 도움을 받을 수 있다.

월지는 근묘화실 원리에서 묘의 시기에 해당해서 싹이 올라오는 자리이다. 그리고 월에서 계절이 바뀐다. 명리에서 중요하게 여기는 계절의 변화가 월지에서 일어나고, 월지를 통해 사회활동과 인간관계의 현명한 판단을 추측해 볼 수 있다.

셋째, 물러날 때와 나아갈 때를 알 수 있다.

운명은 각자 다 정해진 바, 그 정해진 틀 안에는 노력하는 에너지까지 포함되어 있다. 부족한 것이 무엇인지 알고 어떻게 노력해서 채울지 그 방법을 도모할 수 있다.

의욕이 넘치는 목 기운을 타고 났지만, 늘 실패로 끝나는 사람은 부족한 오행의 에너지가 어디에 숨어 있는지 살펴보고 방법을 찾을 수 있다. 목이 많아도 화가 없으면 꽃이 피지 못해 실패로 끝날 수도 있고, 수나 토가 부족해서 목이 제대로 뿌리를 내리고 성장하지 못하는 경우도 있다. 또는 금의 견제가 부족해서 절제를 하지 못해 실패로 가는 줄도 모르고 갈 수도 있다.

또한 목도 갑목과 을목의 차이가 있다. 갑목은 튼튼하고 강인한 목으로, 묘목 같은 을목이 성장할 때 필요한 수(水)의 양(量)으로는 어림없다. 한편, 을목은 수가 너무 과하면 뿌리를 내리기도 전에 썩을 수도 있다. 의욕이 넘치는 목도 무엇 때문에 의욕이 넘치는지, 그 의욕이 현재 하는 일에 온당하게 작용하는지 지나치게 작용하는지 하나하나 다 따져본다. 그러다 보면 이 사람이 현재 의욕이 넘쳐서 하는 일에 성공과 실패를 어느 정도 예견할 수 있고, 실패가 예견되어 있다면 그 실패를 최소화 하는 쪽으로 방법을 찾을 수 있다. 그것도 운명이 정해준 틀 안에서 찾아진다.

사업을 한다면 어떤 직원을 구할지, 무슨 일을 맡길지, 또 새로운 아이템에 도전할지 등이 모두 노력이다. 잘 해보려고 했으나 사기를 당한다면 노력하지 않았기 때문이 아니다. 운이 나쁘니 사기꾼과 엮이게 된 것이다. 사기꾼을 만나더라도 운이 좋은 시기라면 사기꾼을 미리 알아볼 수도 있지만 운이 나쁜 시기라면 꼭 그 사기꾼이 아니라도 사기를 당하는 다른 일이 생길 수 있다.

전세사기의 경우도 마찬가지이다. 계약하려다 취소한 사람이 있을 수 있고, 그런 자리에 모르고 덜컥 들어간 사람도 있을 것이다. 왜 하필이면 그런 일이 벌어졌겠는가. 이런 다양한 현상들을 설명

운명에 만약은 없다

할 수 있는 것은 사주 명리학 외에는 없다.

2004년에 결혼 날짜를 정했지만 다시 택일을 하러 온 부부가 있었다. 날짜를 다시 잡아줬는데, 기존 받은 날에 결혼식을 올리고 신혼여행을 갔으면 인도네시아 쓰나미 현장에 있었을 것이다. 결혼 날짜를 바꿔서 사고 위험에서 벗어났다며 다시 찾아왔다. 그 부부의 운은 사고를 피할 수 있는 운이 있었던 것이다.

서울대 국악과에 진학하려 했으나 서너 번 떨어지고 개명하러 온 학생이 있었다. 이름을 바꾼 해에 합격했는데 이름을 바꾼 덕에 합격했다고 생각한다. 그렇게 생각하면 미신이 된다. 사주 명리로 풀면 그 학생은 합격할 운이었는데, 때마침 개명한 것이다. 반대로 개명을 했음에도 불합격했다면 합격 운이 들지 않은 것이다.

이것은 종교와 사주 명리의 억울한 차이점이기도 하다. 기도를 열심히 했는데도 시험에 떨어지면 종교를 탓하지 않고 노력이 부족했다고 생각한다. 사주 명리는 그 반대로 생각한다. 이름을 바꾸면 합격할 줄 알았는데 떨어지면 작명가가 엉터리라고 탓한다. 합격 불합격이 기도나 개명에서 결정될 일인가. 합격의 운만큼 노력을 안 했거나, 노력했어도 다른 사람보다 수준이 낮으면 불합격할 수밖에 없지 않은가.

이런 경우를 당하는 것도 운명가의 운에서 오는 복이다. 합격할 사람이 많이 오면 인정받고 존경받는다. 불합격할 사람이 와서 불합격을 예상해도 기분 나쁘게 돌아가고, 합격한다고 했는데 불합격하면 원망한다.

운은 시공이 좋은 기운에 들어야 원하는 바가 이뤄진다. 노력은 이 시기를 맞이했을 때 원하는 바를 이루기 위한 가장 기본적인 조건이다. 아무리 합격 운이 있다하더라도 시험을 안 보면 그만이고, 아무리 떼돈을 벌 운이 온다 해도 일하지 않고 놀기만 하면 돈을 벌 수 있겠는가.

자신을 잘 안다는 것은 삶을 살아감에 있어
무엇보다 든든한 백그라운드를 얻는 것이나 마찬가지이다.

힘이 들 때는 자꾸 무언가 자신이 잘못했다고 자책하기 쉽다. 그렇지 않다. 태어난 게 잘못이 아니듯, 현재 벌어지고 있는 힘든 일들은 운명적 의미가 있다. 전화위복이 될 수도 있고, 미래에 더 큰 기쁨이 기다릴지도 모른다.

음양과 오행의 에너지가 주는 인생의 거대한 원칙을 무시하지 않기를 바란다. 어둠이 있으면 밝음이 있고, 고정된 듯해도 에너지는 순환하고 있으니 이 또한 곧 지나갈 수밖에 없다. 곧 좋은 일이 생긴다!

운명에 만약은 없다

방산선생의 틈새 명리
오행의 상생상극

음양이 탄생의 근원이라면 오행은 성질과 기운을 읽는 방법입니다. 다섯 오(五)에 행(行)을 붙인 까닭은 운동성을 지니고 생장 소멸하기 때문이지요. 오행(五行)이 목화토금수라는 정도는 알 것입니다. 언뜻 보면 나무(木), 불(火), 흙(土), 쇠(金), 물(水)이라는 물상만 떠올리기 십상이지만 액면 그대로만 볼 것이 아니라 각각의 물상이 가진, 발현되는 기운을 읽는 것이 오행의 흐름을 파악하는 올바른 태도입니다. 각각의 오행 안에도 오행의 기운이 다 조금씩 들어 있기 때문이지요.

사주 명리에서는 일주 두 글자 가운데 천간을 한 사람의 주된 특징으로 잡습니다. 갑을병정무기경신임계에 음양과 오행을 붙여놓았습니다. 갑을은 목, 병정은 화, 무기는 토, 경신은 금, 임계는 수. 그래서 갑목 일간, 을목 일간, 병화 정화, 무토 기토, 경금 신금, 임수 계수 이런 말을 하는 것입니다.

자신이 갑목 일간, 즉 양의 기운이 넘치는 큰 나무라면 물을 만나야 좋을까요? 불을 만나야 좋을까요? 만나서 좋으면 상생 구조이고, 만나서 나쁘면 상극구조겠죠? 그래서 오행의 상생상극 구조가 탄생하게 된 것입니다.

이 그림은 오행의 상생상극 관계를 간단하게 그린 것입니다. 그림을 보면 목생화(木生火) 화생토(火生土) 토생금(土生金) 금생수(金生水)로 ○ 모양 화살표의 상생 구조를 이루고 있어요.

· 오행의 상생상극 구조 ·

자연의 이치를 대입하면 상생은 쉽게 이해된답니다. 음의 대지에 물이 적셔지면 목이 분출하듯 솟아납니다. 목(木)은 땔감이 되어 화(火)의 기운을 돋아주고, 화(火)는 토(土)가 따뜻한 열기를 품을 수 있게 도와줍니다. 열기로 부드러워진 토(土)는 쇠[金]로 만든 농기구가 더욱 힘 있게 움직이도록 만들지요. 또한 쇠[金]는 형체가 없는 물을 담아 제 기능을 할 수 있게 돕습니다. 수(水)는 목(木)이 자랄 수 있게 물을 공급합니다. 다시 음의 대지에 물이 적셔지면 꿈틀꿈틀 싹이 올라와 목이 되지요. 목화토금수는 이러한 상생의 순환구조를 지니고 있습니다.

반대로 극(剋)하는 것은 ☆ 모양 화살표를 따라가면 이해가 쉽습니다. 목극토(木剋土) 토극수(土剋水) 수극화(水剋火) 화극금(火剋金) 금극목(金剋木)이라고 칭하지요.

극(剋)의 한자 의미는 '능가한다, 이긴다'라는 뜻이에요. 목은 토에 뿌리를 내리니 토는 피할 수도 막을 수도 없이 목을 수용할 뿐입니다. 목이 토를 이기는 겁니다. 수는 토에 흡수당합니다. 스며들지 않으려해 본들 소용이 없어요. 토는 수를 이겨내요. 화는 타오르려 하지만 수가 뿌려지면 금세 꺼지고 맙니다. 수는 화를 이겨버립니다. 금은 불에 달궈지면 녹아버립니다. 화는 금을 이겨요. 모양을 갖춘 금은 목을 베어낼 수 있는 도구가 됩니다. 금은 목을 이깁니다.

상극구조 또한 순환하고 있습니다. 극을 해(害)한다는 말과 동일하게 받아들일 필요는 없어요. 이는 본연의 성질에 대한 관련성을 이해하는 방법일 뿐입니다.

오행이 없으면
어떻게 살아야 하나

명리 상담을 받아본 사람이라면 사주에 수가 없네, 목이 없네, 화가 많네 등등의 말을 들어보았을 것이다. "그러면 어떻게 살아야 해요?" 바로 되묻는데, 어떻게 살기는 그냥 살면 된다.

음양오행의 핵심은 기(氣)이다. 기는 자연에 분산되어 있는 에너지를 말한다. 자연의 모습으로 인간의 에너지를 구성한 게 음양오행이다. 서양에서는 오원소라고 칭해 자연과학을 발달시킨 반면, 동양에서는 오행이라고 칭해 인문과학을 발달시켜왔다. 그 근원은 자연의 에너지, 기에서 함께 출발한 것이다.

음양오행이라서 총 10개가 되어야 하는데 2개가 빠진 상태인 8개의 글자로 표식을 받은 의미가 무엇이겠는가.

인간은 탄생 그 자체가 불완전한 존재라는 의미이다.

골고루 오행을 타고난 사람이 있는가 하면 하나의 오행이 네다섯 개씩 쏠려서 태어난 사람도 있다. 이 오행이 인간을 괴롭히기 위해 만들어진 게 아니기 때문에 신경 쓸 필요없다.

사람의 인성(人性)은 태어난 생일의 천간 오행 기운과 여타 7개 오행과의 상대적 관계성을 모두 포함한 총화라고 할 수 있다. 인성은 변화의 개념이 아니라 출생 시에 수품(受稟)된 근본주체라는 뜻으로 체(體)라고 한다. 고정되어 있어서 타고난 성정은 죽기 전까지는 바꿀 수 없다는 말이다.

성격 분석은 명리에서 가장 핵심이며 타고난 성격을 볼 수 있다면 그 사람의 사주는 다 본 것이라 할 수 있다. 현대인들은 성격이라고 해야 바로 알아듣지, 성정이라고 하면 헷갈려 한다.

우주 만물은 음양으로 구성되어 있고, 우주의 변화는 음양의 변화이고, 음양은 역(易)이다. 역이라고 하는 것은 뒤집다는 뜻으로 많이 알고 있겠지만, 사주 명리에서는 서로 자리를 바꾸어 순환한다는 의미로 쓰인다. 목화는 양, 토는 중앙, 수금은 음으로 기운이 압축된다.

예를 들어 수(水) 기운의 성정을 살펴보면 이렇다. 수는 오행 중에 만물의 양식이며 모체로 본다. 물이 있어야 생명이 태동되고, 물속에 잠기면 그 모습이 감춰지니 어머니 품처럼 감싸 안는 성질이 있다. 형체가 없어서 그릇에 담기면 그릇 모양이 되고, 땅에 쏟아 부으면 형체는 사라지지만 흔적은 남긴다. 적응력은 강하지만 자생력이 없다.

물만 있는 모습을 상상하면 당황스럽기 그지없다. 이걸 옹달샘 물 떠먹듯이 두 손으로 받치고 있어야 할지, 쥐어보니 잡히길 하나, 물을 어떻게 해야 할까? 손으로 들고 있으면 줄줄 새고 만다. 물은 다른 재료나 도구가 있어야 쓰임이 자유롭다. 하지만 차를 한 잔 마시려고 해도 물이 필요하고, 밥을 지으려고 해도 물이 들어가야 한다. 생명을 유지하는 데 필수불가결한 요소를 가진 것이 물이다. 물은 다 알고 있다. 그래서 수(水)를 지(智)라고 한다.

수(水)는 오행 중에 가장 무겁다. 아래로 가라앉고 형체가 없다. 엄마 뒤에 숨는 어린아이 같은 기질이 있다. 엄마 뒤에 숨지만 저가 하고 싶은 대로 하려는 게 어린아이이다. 위험하고 다칠까 봐 붙잡아 주는 줄도 모르고 뿌리치고 달아나려는 게 수이다. 수는 속박 받는 것을 제일 싫어한다. 물을 쓰려면 그릇에 담거나 병에 담아 가둬야 하는데, 그 자체가 속박인 것이다. 생각이 너무 많은 사람, 부끄러움과 낯가림이 많아 잘 안 나서는 내향형, 속을 잘 안 내보이는 차분한 사람 등등 수는 음(陰)의 성질을 대표한다.

단지 수가 있다고 해서 이런 성격을 갖게 된 것은 아니기 때문에 이치에 합당한 해석을 해야 한다. 일간과 격국의 용신, 희신과 기신, 공망, 많은지 적은지, 하나만 있는지, 오행 가운데 어느 오행과 짝을 짓는지, 천간에 있는지 지지에 있는지, 지장간에 있는지, 연월일시 중에 어느 주에 있는지, 강한지 약한지, 깨끗한지 탁한지, 흐르는지

고여 있는지 기타 등등 이것들을 다 고려해야 한 사람이 갖고 있는 수(水)로 인한 성정을 파악할 수 있다.

이는 수(水)에만 해당하는 것이 아니고 모든 오행의 묘법이 다 이러하다. 그래서 명리는 해석의 영역이고, 어느 문중에서 수학했는지, 스승이 누구인지가 중요하다는 것이다.

여기에서 성격이라 하지 않고 성정이라고 한 것은 인의예지신(仁義禮智信) 다섯 가지 성정을 목화토금수에 대입하여 본 것을 중심으로 설명했기 때문이다. 성정은 인성론에 대입해 타고난, 그야말로 하늘이 부여한 기운이라서 본인도 어쩌지 못하는 것을 뜻한다. 성격을 분석하는 것은 격국용신론에 대입해 더 실용적으로 분석할 수도 있다.

이왕 말이 나온 김에 화의 성정도 알아보자.

말하자면 말 그대로 화가 많은 사람이다. 흔히 말하는 다혈질이 화 일간에서 많이 발견된다고 하지만 어떤 초유의 사태가 벌어졌을 때 나타나는 성정일 뿐 평소의 모습이 아니다. 화 기운이 왕성한 사람은 따뜻하고 밝은 사람이다. 화는 한 번 타오르면 모든 것을 다 태우고 만다. 즉, 모든 사람에게 기준과 잣대를 예외 없이 적용하는 면이 있다. 그래서 위엄이 있다. 누구는 봐주고 누구는 더 세게 나무라는 게 없다. 인의예지신에 대입하면 예(禮)에 해당한다.

물론 화도 음양으로 나뉘어 병화와 정화로 나눈다. 병화가 태양이라면 정화는 등불이라 할 수 있다. 이 둘의 공통점은 바로 사람들이 쳐다보고 모인다는 점이다. 산불이 나면 두려워하지만 일단 끄기 위해 모이고, 화롯불은 추운 사람들이 온기를 얻으려 모이게 된다. 화가 많은 사람들은 세간의 주목과 사랑을 받을 수밖에 없다. 연예인 사주를 보면 유독 오행 가운데 화(火)가 많다. 하지만 사주에 화가 지나치게 많으면 겉은 화려하나 속은 타들어간다. 세간의 주목을 받는 직업을 가진 사람들 가운데 가면우울증이 많은 이유가 여기에 있다.

목 기운이 왕성한 사람은 고지식하다.

목은 성정으로 볼 때 인의예지신에서 인(仁)에 해당할 만큼 곧고 바르다. 나무처럼 무르고 온화해 보이나 속은 강인하다. 자신의 팔을 뻗어 그늘을 만들어주듯 타인에 대한 측은지심이 남다르다. 하지만 그것도 자기 그늘 안에 들어온 사람에게만 그러해서 편파적 기질도 무시할 수 없다. 이를 잘 못 알아채면 은혜를 원수로 만들기도 한다.

목이 발생의 의미를 지닌다 해서 모든 것을 시작하는 원인이 되는 것은 아니고, 목이 제대로 자리를 잡으려면 토와 수를 필요로 한다. 목의 성정은 타인과 도움을 주고받는 관계가 되고 싶어 한다. 목

또한 쭉쭉 뻗은 갑목과 작은 묘목 같은 을목으로 나뉜다. 갑목이 쭉 쭉 뻗으면 아름드리나무처럼 크고 강인해진다. 그만큼 크고 강인해 한 번 쓰러지면 일으켜 세우기 무척 힘이 든다. 갑목 일간인 사람이 실패하면 크게 좌절하고 좀처럼 일어서기도 쉽지 않다. 반면 을목 은 자라고 있는 묘목이라 연약한 듯하지만 가능성이 큰 사람을 일 컫기도 한다. 대기만성형이라 할 수 있다.

금의 성정은 인의예지신에서 의(義)를 의미한다.

의롭고 강인한 투사 이미지 혹은 군인 같은 이미지를 금 기운이 넘치는 사람들로부터 발견할 수 있다. 보수와 진보를 지키려는 자 와 쟁취하려는 자로 나눈다면 금의 성정을 지닌 사람은 진보에 가 까울 것이다. 금 기운이 넘치면 명예를 중시하고 의리와 인정이 따 른다. 따라서 결단력과 추진력이 남다른 사람들이 금 기운을 가진 사람들이다. 금도 경금과 신금, 즉 양 기운의 금과 음 기운의 금으로 나뉜다. 경금이 있으면 의리로 똘똘 뭉쳐 자신이 손해를 보더라도 눈을 감아, 손실이 날로 갈수록 커지기도 한다.

경금이 큰 바위나 강철에 자주 비유된다면, 신금은 보석과 장신 구에 자주 비유된다. 아름다움을 추구하고, 본인이 아름답기를 바 라며 또 아름답기도 하다. 그래서 잘 다듬으면 보석 같은 존재가 된 다. 항상 빛나고 싶어 해서 묻힌 느낌이 들면 못 견딘다. 어느 오행이나 지나치면 그 특징이 단점이 되듯 금의 성정도 지나치면 독이 오른 듯 주변 사람들을 힘들게 한다. 갑목과 신금이 만나면 목곤쇄편(木棍碎片)이라 해서 에이듯 괴롭게 된다.

마지막으로 토의 성정을 보자.

인의예지신 가운데 신(信)에 해당하며 기본 중에 기본이라 성실함이 내재되어 있다. 음양오행이 순환할 때 토(土)가 중간 개입을 해 칼 같은 단면을 중화시킨다. 그러다보니 토 기운이 왕성하면 두루두루 걸쳐 대인관계가 원만하고 중재 역할을 잘 해낸다.

토도 음과 양을 나눠 무토와 기토로 차이가 있다. 무토는 약속과 성실을 바탕으로 자신이 하는 일을 끝까지 완수하려는 경향을 지닌다. 설사 잘 못 되어도 끝까지 해내야 한다는 마음을 갖고 있다. 기토는 무토와 달리 수분을 머금은 음 기운의 토(土)로서 자신이 하는 일은 틀리는 게 없다고 확신을 가진다. 끝까지 도전하기보다 안 될 일은 아예 처음부터 빠르게 포기한다. 판단력이 남다르다고 스스로 과신하는 편이다.

오행 가운데 토는 다른 오행을 머금는 특징이 있어서 좋게 보면 인간관계의 중심이 되지만 나쁘게 발전하면 비밀이 많은 가운데 자기 잇속을 먼저 챙기는 사람이 되기 쉽다.

운명에 만약은 없다

이는 인성적 측면에서 살펴본 것이라 재성이나 관성, 비견과 식상에서는 다른 의미로 해석되기 마련이다. 사람은 어느 한 단면만 가진 것이 아니다. 오행 가운데 특정한 성정이 잘 드러났다고 해서 그 사람의 운명이 잘 풀린다는 뜻도 아니고 잘 못 풀린다는 의미도 아니다. 다만, 그러한 특성이 있음을 본인이 알면 인간관계나 사회생활에서 조심스럽게 행동할 수 있기 때문에 좀 알아두자는 의미로 전한다.

오행의 쏠림은 불행을 만들어 주기 위해 정해진 게 아니다.

오행은 움직이는 힘이다. 모자라는 것이 있으면 채우려는 노력으로 살면 되고, 넘치는 게 있으면 나눠주려는 마음으로 살면 된다. 항상 음양이다. 부족한 게 있으면 풍성한 게 있고, 좋은 게 있으면 나쁜 것도 있는 것이다.

가을바람은 봄의 성장을 억제한다. 항상 반대의 것이 존재한다. 반대의 것이 있으므로 유용, 유능해진다. 산다는 것은 움직인다는 것이고 움직인다는 것은 조절해 나간다는 뜻이다. 움직이면 충(沖)의 작용이 생기는 일이다. 충은 동력이 있다는 뜻이고 반대의 기운을 서로 조절해 나간다. 그럼으로 인해 상생상극이 생긴다. 음양오행은 운동, 즉 운의 움직임이다. 이 움직임을 적극적으로 받아들일 때 새로운 상생상극이 생긴다.

사주 여덟 글자가 이 운동의 여러 가지 원칙을 제시한다. 모자라고 넘치는 것이 무엇인지, 어떻게 살아갈지, 어떤 노력을 더해야 할지 사주 명리가 도움을 준다.

태어날 때 받은
세 가지 비단주머니

인간은 태어날 때 누구나 세 가지를 하늘로부터 부여받아 태어난다. 성별, 환경, 용모 이 세 가지는 태어날 때부터 정해져 있어서 바꿀 수가 없다. 남자와 여자를 자기가 선택할 수 없고, 부모를 골라서 태어날 수도 없고, 생김새나 건강도 선천적으로 타고 난다. 이 세 가지를 하늘에서 부여받은 세 가지라고 해서 선천명(先天命)이라 한다. 하늘에서 탄생 축하로 비단주머니를 세 개 들려주신 셈이다.

　나는 숙명론자이지만 비관론자는 아니다. 바꿀 수 없는 세 가지라고 하면 일단 인간은 겁부터 먹는다. 오만해서이다. 무엇이든지 바꿀 수 있다고 해야 안심한다. 물건을 하나 살 때에도 교환 환불이 가능하다면 사고, 교환 환불이 불가능하다고 하면 선뜻 사기를 망설인다. 작은 물건 하나에도 그러니 운명이 정해져 있고 바꿀 수 없다고 하면 덜컥 겁을 먹거나 외면하려고 한다.

　하지만 그럴 필요가 없다. 이 세 가지를 내가 위급할 때 언제든지 꺼내 쓸 비단 주머니라고 생각하면 바꿀 수 없다는 전제는 가혹한 것이 아니라 나만이 가진 유용한 도구가 되는 것이다. 남자라서 불리할 때도 있지만 남자라서 혜택을 받는 경우도 많다. 여자라서 공평하지 못하다 느낄 때가 있겠지만, 요즘은 집에서나 사회에서나 여성의 발언권이 남성을 능가할 정도로 커졌다. 용모 또한 키가 좀 더 컸으면 눈이 좀 더 컸으면 이런 생각을 하겠지만, 지금 그 용모에서 속으로는 남보다 낫다고 생각하는 부분이 하나쯤은 있을 것이다. 부모도 마찬가지이다. 세상 그 누구라도 부모보다 나를 사랑하고 생각해 주는 사람을 찾기는 어렵다.

이 비단주머니는 인간으로서 어쩌지 못하는 숙명을 하늘이 부여한 것이다. 방산 명리론에서는 이것을 선천명으로 정의하고, 정(精), 경(境), 질(質)이라고 한다.

첫째, 정(精)은 정자와 난자,
즉 태어나기 전에 이미 성별이 정해짐을 뜻한다.

우주의 기운인 시간을 타고날 때, 유전자 정보가 새겨지고 한 사람의 성정이 결정된다.

사주 명리학의 원리는 무극과 태극에서 출발한다. 우리가 태어나기 전 부모 각자의 정자와 난자로만 존재하는 상태는 무극이라 볼 수 있다. 무극의 무(無)는 '없을 무'의 뜻이 아니다. 이미 존재하나 드러나지 않았다는 의미이다. 부모의 DNA가 내포된 상태, 아직 합일되지 않아 각각 정자와 난자로만 존재하는 그 상태를 무극이라고 한다.

존재하나 존재하지 않는 내 안의 뭔가가 새겨진다.

부모의 유전자로 자녀가 만들어지지만, 하필 그때 그 정자와 난자가 만나서 임신과 출생의 과정이 되는 것은 단순히 부모의 유전자가 전부가 아니라는 의미이다. 임신 되는 순간부터 '그때'라는 시간의 지배를 받고, 사람이 선택할 수 없는 성별이 결정된다. 출산과 동시에 한 개인으로 살아가야 하는 것은 모두 시간의 지배 속에 있다. 그래서 인간은 우주의 총체적인 기운을 받고 살아가는 것이다.

둘째, 경(境)은 환경을 뜻한다.

어느 시대, 어느 지역, 어떤 부모에서 태어났느냐에 따라 구분되는 것이다. 어느 부모의 자식으로 어떠한 환경에서 임신되는가에 따라 유전자 초기 조건이 결정된다. 그에 따라 착상하는 순간 얼굴(관상)이 정해져서 태어나기 때문에 결정된 것이라고 한다. 태어나는 환경도 본인의 의지대로 조종할 수 없는 하늘의 뜻이다. 시간과 함께 경에 해당하는 환경적인 요인도 정해져 태어난다.

사주에서는 연주(年柱)가 경에 해당하고, 이는 조상과 부모 자리가 되며, 관상으로는 이마에 해당 된다. 월주(月柱)는 형제와 친구 자리이다. 관상으로는 눈썹이 형제와 친구 자리인 월주인 셈이다. 일주(日柱)는 자기 자신이며 동시에 배우자 자리에 해당하는데 관상에서는 코를 살핀다. 시주(時柱)는 자손, 자식 운을 살피는 자리이고, 관상으로 볼 때는 턱(지각)도 함께 살핀다. 사주와 관상에 이렇게 자손까지 결정되어 있다고 보는 것은 바로 선천명으로 부모(집안) 환경이 결정되어 있다고 보는 근거이기도 하다.

부모를 바꿀 수 있는 사람이 어디 있는가.

입양을 가거나 부모가 버리거나 스스로 집을 나와 부모와의 인연을 끊을 수는 있어도 자신을 낳아준 생물학적 의미의 부모를 부정할 방법은 아무리 봐도 없다. 다 정해져 태어난다. 그래서 선천명이라 할 수밖에 없다.

셋째, 질(質)은 용모에 해당한다.

얼굴, 골격, 생김새, 음성 등등 몸을 구성하는 요소를 일컫는다. 태어날 때부터 갖고 나오므로 선천명, 하늘로부터 받는 것이다. 시간성이 공간성과 합일해 구체적 물질인 체(體)의 질(質)로 드러난다.

하늘에서 정해준 시간을 타고나서 그 속에서 살아가는 동시에 몸을 갖게 된다.

내가 결정한 것이 아니며, 부모의 유전자로 만들어졌지만, 그렇다고 부모 두 명과 똑같이 생긴 것도 아니다. 부모든 나 자신이든, 사람이 결정할 수 없는 유전적인 정보는 하늘의 기운으로 정해지는 것이다. 그렇게 결정된 몸을 질(質)이라고 한다. 몸에는 얼굴의 관상도 포함된다.

나의 관상 스승이신 충산선생은 사주가 아닌 관상만 보고도 운명을 아셨다. 한 번은 충산선생의 관상 통변으로 창원이 요란했던 일이 있었다. 그 당시 꽤 큰 종합병원장의 아내가 신수를 보러 왔는데 아내의 얼굴만 보고 원장이 언제 죽는지 일러줬다. 원장의 아내는 그런 흉한 말을 했다는 이유로 깡패까지 보내 겁박을 했다. 그런데 충산선생이 죽는다고 말한 그날, 원장은 식사를 하던 도중 밥 두 숟가락을 뜨자마자 심장마비로 사망하였다. 궁합이 따로 있지 않고, 인연의 법칙이 본인에게 있다고 하는 것도 이런 이유에서다. 나의 타고난 관상에 이미 상대와의 인연까지 나타나 있는 것이다.

용모는 고칠 수 있어도 운명에 영향을 미치지는 못한다.

미간에 내 천(川)자가 생기면 팔자가 사납다는 소리를 어디선가

들고 죄다 보톡스를 맞으러 다닌다. 누군가 입꼬리가 올라가야 운이 좋다고 말하니 텔레비전에 나오는 연예인들 입꼬리가 다 올라가 있다. 누가 누구인지 구분하기 어려울 정도로 얼굴이 비슷비슷해지고 있다. 그렇다고 그들의 운명이 다 비슷비슷해지겠는가? 절대 아니다.

질(質)은 기(氣)가 형상으로 드러난 것이다. 기에서 음양(陰陽)이 나타나고, 음양에서 만물이 생성할 때 용모와 형태가 결정된다. 질(質)의 주체가 기(氣)이기 때문에 겉으로 단순하게 드러나는 얼굴을 고쳐서는 본질이 바뀌는 데 영향을 미치지 않는다는 의미이다.

이런 질문을 하는 사람도 있다. 강간이나 성폭행 등 흉악 범죄로 인해 태어난 사람의 운명도 이미 결정된 것인가 묻는다. 내 견해로는 그것도 그 사람의 운명이고 이미 결정되어서 태어난다고 생각한다.

태어날 때의 이유가 선악과 길흉을 가르는 게 아니다. 부모가 서로 사랑한 결과이든, 물리적 폭력의 결과이든 한 생명이 이 세상에 태어난 이상 운명은 존재한다. 이렇게 태어난 사람들이 어떤 죄를 지으려고 태어난 것은 아니지 않는가. 범죄의 씨앗으로 태어났다고 하는데, 그것도 인간의 오만한 관점이다. 태어날 때에 자기가 알고 태어나는 사람이 어디 있나. 태어나고 보니 대한민국이고, 태어나고 보니 자기 부모인 것이다.

가끔 길가 보도블록 사이에 아주 싱싱하게 피어오른 민들레 한

송이를 발견할 때가 있다. 들판에 피었으면 민들레 군락을 이루어 더 보기 좋았을 텐데 사람들이 지나다니는 보도블록 사이에 끼어 홀로 피었으니 어쩌면 밟힐 수도 있고 어쩌면 주목을 더 많이 받을 수도 있다. 꽃가루가 날려 하필이면 뿌리를 내린 곳이 그곳이었을 뿐이다.

인간은 언제 어떤 환경에 태어났든 태어난 것 자체가 축복이다. 불쌍히 볼 필요도 없고, 색안경을 끼고 볼 필요도 없다. 세계에서 가장 유명하고 부유한 흑인 여성 오프라 윈프리를 보라. 사생아로 태어나자마자 엄마한테 버려지고 할머니에게서 자랐다. 그녀의 삶을 들여다보면, 태어날 때 이유가 부귀빈천을 가르는 게 아니라 자기 운명에 내재 된 소질을 얼마나 잘 발휘하느냐에 부귀빈천이 달려 있다는 것을 잘 알 수 있다.

후천적 변수는
어디에서 생기나

운명이 정해졌다고 해서 전혀 변수가 없는 것은 아니다. 하늘이 내린 거스를 수 없는 선천명 속에서 시간이 흘러감에 따라 변화하는 세 가지 후천적인 요소가 있다.

직업에 해당하는 종(種), 운로에 해당하는 시(時), 인간의 노력(努力)이 바로 그 세 가지이다. 이는 후천적으로 변화를 줄 수 있는 세 가지 요인이 되므로 후천운의 3대 요소라 한다. 이 변수 또한 운명에 내재되어 있어서 내 안에 없는 것을 만들어내지는 못한다. 평범한 운명이 노력으로 재벌 운명이 되는 것은 아니라는 의미이다.

변화한다고 해서 '사람이 바뀐다'는 의미로 잘못 받아들이면 안 된다. 사람이 바뀌는 것이 아니라, 정해진 시간의 흐름 속에서 변화를 겪는다는 의미다. 인간의 본질이 바뀌는 것이 아니란 말이다.

예를 들어 자식이 나쁜 길로 빠지면 부모들은 자기 자식이 나쁜 애가 아니라 친구를 잘못 사귄 것이라 두둔한다. 그러면 좋은 친구

운명에 만약은 없다

를 사귀었으면 될 텐데, 왜 하필이면 나쁜 친구를 사귀었나. 자신이 선택하고 바꿀 수 있다면 나쁜 사람은 거르고, 상처 주는 사람은 안 만나야 할 텐데 그 사람의 본질은 그런 선택을 하고야 만다. 여기서 말하는 변화는 조건 변수이지 상수가 아니다.

후천의 변수 첫 번째는 종(種)으로, 직업에 따른 변화이다.

한 사람의 사주를 간명할 때에는 직업부터 알아야 한다. 직업은 곧 그 사람의 정신 의식처이다. 정신이 어디에 종속되어 있는지 보여주는 것이라 동일한 인물을 간명해도 직업에 따라 운의 고저가 달라진다.

사업가에게 재물 운이 오면 돈을 벌 수 있겠지만, 학자에게 재물 운이 오면 여자나 돈으로 구설이 따를 수밖에 없다. 직업에 따라 운로의 해석이 완전히 달라지는 것이다. 똑같은 재성(財星)도 남자에게 들어오는가 여자에게 들어오는가에 따라 다르게 판단해야 한다. 고법 원리로만 사주를 궁리할 때 상담가들은 자가당착에 빠질 수밖에 없다.

사주상의 해석에서는 주로 월지를 살핀다. 사주 중 월에 해당하는 월주를 의미하는 것이 아니라 월지(月支) 자체를 말한다. 월지가 중요한 이유는 계절로 인한 땅의 변화를 의미하기 때문이다. 월지는 자연섭리가 땅의 활동에 미치는 에너지를 드러낸 것이다.

우주의 운행 법칙은 계절을 통해 자연에서 꽃이 피거나 눈이 내리는 등의 형상으로 나타난다. 계절이 겨울이라고 생각해 보자. 하늘에서 겨울의 기운이 내려와 땅속까지 겨울의 환경으로 변하면 우리는 비로소 겨울이라고 느끼고 말한다. 하늘에서 일으켜진 힘이 월지에서 구체적으로 모습과 변화를 일으킨다.

'겨울이라서 춥다'라는 말은 원리를 반대로 말한 것이다. 본질적으로 '추운 기운이 강해져서 겨울이 되었다'라고 해야 옳다.

계절은 만물의 생장소멸을 관장하고, 계절의 변화는 만물의 모습을 변화시킨다. 병이 생기고 안 생기고, 죽고 살고, 열매를 맺고 안 맺고, 초록의 초목이 나목이 되는 것은 계절로 인해 변화를 겪는 것이다. 모두 월지의 작용이다.

사주에 월지가 작용하면, 하늘의 명을 받아 수행하는 직업으로 나타난다. 사회활동과 인간관계 등으로 자신에게 맞는 직업과 길흉화복을 해석하는 자리이다.

인간으로 태어나 가장 어려운 일이 자기에게 맞는 직업을 찾는 일이다. 직업에 따라 가는 길도 달라진다. 학자의 운명을 타고난 사람이 군인의 길을 가게 되면 성공하기 어렵다. 연예인 운명인데 공부하라고 아무리 앉혀봐도 부모만 속을 썩인다. 초년 운이라고 하는 것은 청장년에 성공할 수 있도록 직업을 찾는 유예기간의 운이라 할 수 있다.

직업의 업(業)이야말로 사주팔자이다.

그래서 나는 직업을 한 사람의 '정신 의식처'로 명명하고 있다. 정신 의식이 가장 또렷하게 머물고 한 사람의 특징을 온전히 다 보여주는 것이 직업이기 때문이다.

사농공상 시절에는 직업을 아는 것이 쉬웠다. 현재는 복잡다단하다. 세밀하게 상담하기 위해 직업을 먼저 물어보면 간혹 직업을 맞춰보라는 무례한 사람들이 있다. 명리는 알아맞히는 점이 아니다. 알아맞히길 바라면 무속인에게 점을 보러 가야지 왜 사주 명리로 물어보는가.

사주 명리는 때려 맞히는 게 아니고 이치를 짚는 학문이다. 한자 몇 글자만 알면 되는 줄 알고 공부도 실전 경험도 없는 이들이 우후죽순 사주 명리를 감정하기 때문에 생긴 불신이다. 상식으로라도 알 텐데, 사주 명리학자와 점쟁이도 분간하지 못하는 사람에게 운명을 해석해 준들 제대로 활용할 수 있을지 그건 모르겠다.

직업을 알고 명리를 짚으면 좀 더 정확도가 높은 조언을 해줄 수 있다. 사업가에게는 돈이 와야 하고, 학자에게는 책이 와야 한다. 사업가가 돈을 벌어야 되는데 책이 오면 되겠는가? 직업을 모르면 운의 고저를 모르기 때문에 직업을 알아야 이치에 맞는 통변(通辯)이 된다.

시대에 따라 직업이 다양해지고 있어서 고법 명리로 가르는 것은 분명히 한계가 있기는 하다. 만약 사업가라면 어떤 사업인지, 교수라면 어떤 학문인지 세부적으로 아는 것은 어렵지만, 시대 상황을 반영하여 어떻게 적용되는지 분류는 할 수 있다. 목(木)을 이용한 사업이나 학문을 묻는다면 섬유, 종이, 문구, 식물, 농업, 교육, 출판 등 다양한 분야를 떠올릴 수 있다. 그 가운데에 적절한 것을 찾아 압축해서 통변할 수 있는 것이 운명가의 상담 수준이다.

직업을 세분화하고 시대에 따라 알려면 사주 명리학자도 많은 공부를 해야 한다. 51만8천4백 가지 사주에서 격국과 희신, 사주에 없는 오행으로 직업이 정해진다고 가정할 때, 직종은 3만3천6백4가지로 결과 값이 나오게 된다. 여기에 시대 상황에 따라 좀 더 세분화되고 다양해질 수 있다. 한길만 가는 사람도 있고, 다양한 직업을 가지는 사람도 있다. 한 가지만 타고날 수도, 두 가지, 세 가지 이상 타고 날 수도 있는 것이다. 다만 하늘이 정해준 직업이 들어온 것임을 아는 것이 중요하다.

운명가는 무조건 운명이 그렇게 정해졌다고 알리는 역할이 아니다. 좋은 것도 나쁜 것도 모두 자신의 것이다. 좋을 때도 있고, 괴로울 수밖에 없는 시기도 있음을 알려주고, 그것을 인정하고 안심하게 다독이는 것이 운명을 해석해 주는 사람의 역할이다. 힘들다가도 좋아질 때가 오는 것을 알게 되면 의지할 데가 생긴다. 마음이 정리되면 괴로움이 덜어지는 법이다.

운명에 만약은 없다

후천적 변수의 두 번째 요소는 시(時)이다.

이 부분에서 많은 이들이 헷갈려 한다. 처음 선천명의 천(天)도 시(時)에 해당하고, 운명의 운(運)도 시(時)라고 했는데 다시 시(時)를 말하면 앞서 논한 큰 개념과 혼동해버린다. 후천적 변수의 시(時)는 시기나 기회가 있는 순간을 뜻하며, 운명 전체를 살피는 선천명의 때[時]보다는 하위 개념이다.

운은 개인, 국가나 사회, 세계, 천체(天體) 순으로 그 범위가 점점 확대되어 나간다. 자연의 변화인 천체 운이 더 큰 범위이고, 이 천체의 시간에서 오는 운은 개인이 거스를 수가 없다. 하지만 이 운을 받아들이는 인간의 행동은 각각 다르게 작동한다. 마치 결혼을 일찍 하는 사람과 늦게 하는 사람이 있는 것처럼 결혼을 하는 것은 정해진 운의 흐름인데, 언제 하느냐, 이것이 변수가 작용하는 후천의 시간이라고 할 수 있다.

겨울 다음에 봄이 오는 것이 자연의 이치이다.
태양이 지면 그때가 저녁이다.

결정은 태양이 하듯 인생도 그때를 스스로 정하지 못한다. 이런 시(時)는 큰 틀을 보는 운(運)의 때이다. 이는 하늘에서 오는 시간이기 때문에 누구에게나 공평하게 좋을 때와 좋지 않을 때가 번갈아

가며 다가온다.

시간은 쉼 없이 누구에게나 똑같이 흘러가지만, 그 시간은 개인에게는 밀당처럼 변수가 된다. 똑같은 출퇴근 시간에 똑같은 길을 운전해서 가더라도 어느 날은 사고가 날 수 있다. 그 운은 나에게 달린 것이다. 하나의 사고가 되려고 각기 다른 곳에서 다른 운전자가 다른 차를 운전했으나 찰나에 사고가 난다. 사고가 날 사람과 사고를 낼 사람이 만나는 상대성이라 피할 수가 없다. 그러다 그 사고가 인연이 되어서 사귀게 되고 결혼까지 가는 경우가 있다고 치자. 둘은 하필이면 그 시간에 왜 사고를 통해서 만났겠는가. 사주 명리학에서 함께 있다는 말을 동근성(同根性)이라 한다. 뿌리가 같아서 같은 일을 겪는 것이다. 그래서 결혼의 시기는 변수가 있다고 하는 것이다. 변수는 있으나 한다는 데에 방점이 찍힌다.

개인운도 국가에 큰 사건이 있을 때는 영향을 받기 때문에 개인운만으로는 큰일을 예상하기 거의 불가능하다. 항상 운은 큰 쪽으로 귀속된다. 전쟁이나 코로나 같은 세계적으로 질병이 유행할 때는 죽지 않을 운의 개인도 죽을 수 있다. 그런 의미에서 변화의 요소로서 후천명의 시(時)가 존재하는 것이다.

마지막 후천적 변수는 역(力)으로 개인의 노력을 의미한다.

노력 여하에 따라 자신이 가진 운명의 힘을 더 강하게 만들 수도 있고 더 약하게 만들 수도 있다. 천재적인 능력을 타고난 사람이 한 분야에 몰두하고 노력하면 위대한 발자취를 남기는 것이고, 천재로 태어났지만 세상살이 이유도 없이 뜻대로 되지 않는다며 매일 유흥에만 빠져 있으면 그저 이상한 놈 취급이나 당하고 만다.

선천의 정경질(精境質) 속에 후천의 노력 여하도 포함되어 타고난다. 노력할 것인가, 안 할 것인가. 이것도 복이다. 개인이 할 수 있는 것은 노력밖에 없으나 그 노력을 잘 할지, 못할지조차 운 안에 있다. 운이 좋으면 좋은 쪽으로 노력하고, 나쁘면 나쁜 쪽으로 노력한다. 노력을 단순히 하고 안 하고의 기준으로 볼 수 없다.

노력도 인과관계 속에 있다.

사업을 한다면 돈을 벌기 위한 노력을 할 것이다. 어떤 사업을 할지, 어떤 종업원을 쓰고, 어디서 하는지 등이 모두 노력이다. 잘해보려고 했으나 사기를 당한다면 노력하지 않았기 때문이 아니다. 운이 나빠 사기꾼과 엮이게 된 것이다. 절대 당하지 않겠노라 결심하고 감각을 예민하게 여는 사람이라면, 사기꾼이 있어도 사기꾼을 미리 알아볼 수 있다.

아파트 관리실에 두 김 씨가 있었다. 큰 김 씨는 운전을 할 줄 모른다. 운전면허시험 보는 날만 되면 꼭 무슨 일이 생겨 시험을 치르지 못했다. 어쩌나 시험을 오래 봤는지 마지막 운전면허 시험에서 필기시험을 100점 받았다며 박수까지 받았다고 늘 자랑이다.

그런 큰 김 씨의 소원은 작은 김 씨처럼 자기 차를 끌고 아파트에 출근해 보는 것이다. 큰 김 씨의 아내는 큰 김 씨를 볼 때마다 속상해 한다. 이사를 하려고 길 건너 작은 건물을 계약하러 가던 날, 그만 큰 김 씨가 교통사고를 당해 계약을 취소하고 말았기 때문이다. 큰 김 씨는 그날로 꼬박 2년여를 병원 신세를 졌다. 계약하려던 건물이 있던 동네는 길을 하나 사이에 두고 강남으로 편입되어 천정부지로 값이 올랐다. 30년도 넘은 그 일을 두고 큰 김 씨는 아직까지도 집에서 큰소리 한 번 못 치고 지낸다.

이런 것이 모두 운의 흐름 안에 있고, 그 안에 노력도 포함되어 있다. 복과 운이 따로 있지 않다. 맛있는 음식이 차려져 있어서 먹을 복이 있는 줄 알았으나 소화를 못 시켜서 못 먹으면 복이 없다는 말이다. 그러니 잘 되려면 복이 있어야 하고, 복은 타고나는 것이다.

큰 김 씨의 운명이 불행하다고 누가 말할 수 있을까. 팔순 나이에도 잔소리하는 부인이 싸주는 도시락을 들고 일터에 나온다. 건강해서 일할 수 있고 평생을 함께하는 부인이 있다. 노력했으나 운전면허는 결국 따지 못했다. 차를 운전할 팔자는 아니었으나, 쓸쓸히 죽음을 기다리는 독거노인도 아니다. 큰 김 씨가 운전을 해서 생계를 유지하겠다고 결심했다면 평생 시간을 허비하고 직업 없이 무위도식 했을지 누가 알겠는가.

운명에 만약은 없다

노자가 말하기를,

'한쪽이 기쁘면 한쪽은 반드시 슬프다'고 했다.

이런 것이 음양의 이치이다. 자연은 선악을 구분하지 않는다. 선악은 음양과 같으니 반드시 공존한다. 선악이 종교의 개념으로 판단의 잣대가 되었지만, 음양은 운명의 개념으로 역할 기준으로만 존재한다. 운명은 선천명을 받아 자연에서 발생한 것이니 그저 존재한다. 좋고 나쁨을 논하지 않아야 한다. 이런 것이 우리가 운명을 보는 이유가 될 터이다.

운 있는 자는 노력을 멈추지 않는다. 운 있는 자는 좋은 환경과 인연이 된다. 천시 안에 환경과 노력이 동시에 발현되는 것이 운명이다.

내가 이 공부를 시작할 때 큰 포부를 세우고 시작한 것은 아니다. 무엇인지 까마득하게 모른 채 천지분간도 할 줄 모르는 상태에서 환경의 지배로 운명가의 길로 들어서게 되었다.

사주 명리에서는 공부를 다른 말로 궁리, 이치를 구하는 것이라 일컫는다. 이치를 구하는 것은 생각하면 할수록 잘한 일이다. 알면 알수록 모르는 것이 더 많고, 정답이 정해져 있지 않은 것에서 답을 찾아가는 것이라 공부할수록 끝이 없는 학문이다. 죽을 때까지 궁리할 수 있다는 것에 더없는 귀함을 느끼고 있다.

오행에 의미를 더하는 조후

24절기는 음력이 아니라 양력을 씁니다. 깜짝 놀라는 사람들이 많지요. 명절이나 제사, 생일 등을 음력으로 하니 절기도 당연히 음력이려니 했을 겁니다. 우리 조상들은 달이 차고 기우는 것을 보면서 15일 단위로 시간을 측정했어요. 외우기가 쉬웠으니까요. 그것이 음력입니다. 24절기는 태양의 움직임에 따라 계절이 바뀌는 시간을 정한 것입니다. 달은 계절에 아무 영향을 미치지 않습니다. 계절에 영향을 미치는 것은 태양이고, 농사에 필요한 것은 태양력이었습니다. 서양에서 와서 양력이 아니고, 해를 기준으로 하면 양력, 달을 기준으로 하면 음력이라 합니다.

사주 명리에서는 24절기를 이해하는 것이 매우 중요합니다. 인간은 음양운동을 통해 정신을 먼저 정비하고, 이후 오행운동을 통해 육체활동을 합니다. 육체활동을 할 때 영향을 미치는 것이 한난조습(寒暖燥濕), 조후입니다. 24절기를 크게 분류하면 한난조습이 되지요. 사주에 작용하는 조후는 사회생활의 정신적 만족도를 파악하는 중요한 단서입니다.

한(寒)은 혹한을 견디고 위로를 받고 살아야 하는 인생사에서 항상 주변의 협조와 비협조에서 오는 갈증에 시달립니다.

난(暖)은 적극적 활동에서 나타나는 추진력과 합리적 방식을 대표합니다.

조(燥)는 독립심에서 나타나는 삶의 애착과 허무를 느끼기 쉽습니다.

독립심이 지나쳐 남의 도움을 잘 받으려 하지 않습니다.

습(濕)은 더불어 살고자 하는 마음에서 비롯된 집착과 이별에 대한 두려움을 지니고 있습니다.

계절에 맞는 조후의 조화는 모두 상극으로 이루어졌기 때문에 내가 얼마나 조화로움을 추구하는지 알 수 있습니다. 상대에 맞추려 노력하고, 상대의 기분을 알아채고 행동하려고 노력하고, 상대가 부족한 것을 알아서 책임도 져주고, 상대가 거만하면 그것을 채찍질해서 충고도 해주는 것이 조후의 조화입니다. 나만 바라보지 말고 상대를 바라보라고 알려주는 것이 조후론이 궁극적으로 존재하는 이유입니다.

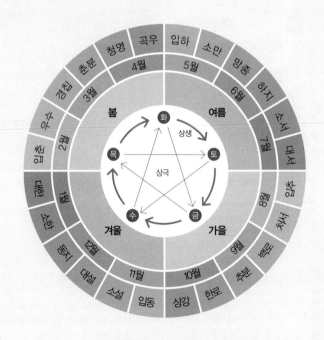

• 24절기는 태양력 기준으로 양력으로 표시한다.

Chapter 4

사주와 관상은
따로가 아닌 하나

사주와 관상을
동시에 봐야 하는 이유

사주 명리에는 분명 한계가 있다. 동일한 사주라도 운명은 다 다르게 타고나기 때문이다. 사주 명식은 51만8천4백 가지이다. 대한민국 인구 5천만 명을 기준으로 하면 거의 100명 당 한가지 명식이라는 수학적 논리가 된다.

같은 사주이지만 운명이 다 다름을 어떻게 증명하고 해석하는지는 사주 명리학자에게 평생 주어진 과제이다. 사주의 상대성과 여러 가지 논리가 등장하고, 해석이 분분해진다. 그래서 관상을 같이 볼 수밖에 없다.

관상은 사주와 동떨어진 것이 아니다.

태어날 때 부여받은 우주의 에너지가 부모의 DNA를 거쳐 물상으로 표출된 것이다. 쌍둥이라 해도 100퍼센트 일치하는 물상을 갖

운명에 만약은 없다

고 태어나지는 않는다.

상담을 하며 제일 곤란할 때가 본인이 아닌 제3자가 생년월일만 갖고 와서 사주를 봐달라고 할 때이다. 태어난 시는 모른다고 한다. 그럼 관상이라도 같이 봐야 된다고 하면 스마트폰으로 흔들리게 찍은 사진을 하나 보여준다. 운명을 짚는 게 그림자를 어렴풋이 볼 뿐이라고 했지만, 이 정도 되면 그림자가 아니라 흐릿한 형체만 보는 것과 같다.

사주는 시간이 주인공이다. 부친의 시간과 모친의 시간이 만나 화합한 한순간에 생명을 부여받고, 한 사람의 운명이 정해진 것이니, 태어나서 사람의 모양을 보지 않으면 공간이 빠진 시간만 추측하는 격이 된다. 사주가 시간이면 관상은 공간이고, 이 둘은 분리할 수 없는 하나의 운명을 갖고 있다. 그래서 늘 이 공부를 하려는 후학들에게 사주와 함께 관상도 볼 줄 알아야 한다고 강조하고 있다.

또한 관상에 있는 눈빛과 음성은 기록도 되지 않는다. 사진은 보정이 가능하고, 속임도 가능하다. 항상 음양이 같이 있고 시공이 같이 있어야 하는 것처럼, 사주는 관상과 떼려야 뗄 수 없는 관계이다.

운명을 해석하는 일은 항상 조심스럽다.

나의 말 한마디에 용기를 얻어서 잘 살아가는 사람이 있는가 하면, 나의 말 한마디에 자기는 아무것도 안 될 것이라고 비관하는 사람이 생긴다. 항상 조심 또 조심할 수밖에 없다.

대부분 사주가 좋으면 관상이 좋고, 관상이 좋으면 사주 또한 좋다. 사주뿐만 아니라 관상을 하나로 아울러서 봐야하는 것은 이 둘의 뿌리가 같기 때문이다. 둘은 동양학의 기초인 음양오행의 이론에서 출발하므로 다른 해석이 나올 수 없다. 논리상 일맥상통해야 한다.

오행 운동성을 인간의 운명에서 시간적인 관점으로 보면 사주 명리학이 되고, 공간을 같이 보면 관상이 된다. 풍수의 관점에서 보면 산 사람은 양택, 죽은 사람은 음택이라는 공간으로 분리가 된다. 오장육부에 대입하면 한의학의 기본 이론이 된다.

한 사람의 운로를 파악할 때 사주 명리와 관상, 풍수를 함께 적용하게 된 것은 나의 관상 스승이신 충산선생의 영향이 크다. 충산선생은 내가 처음 상담을 시작할 때 숨 막힐 듯한 답답함을 풀어주신 분이다.

사주 명리 스승이신 제산선생을 모시고 〈덕운정사〉 도량 짓기를 마친 후 독립을 했다. 처음 단독으로 상담을 시작한 것이다. 내담자가 오면 스승께 배운 대로 해석은 해서 보내는데 내 성에는 차지 않았다. 이게 맞나 싶은, 사주만으로 풀기에는 부족한 부분이 많았다.

처음에는 해석을 잘 못 하는 게 나의 부족한 공부 탓이라고 생각해 틈나는 대로 제산선생을 찾아뵙고 여쭈었다. 뿐만 아니라 처음 목화토금수를 알려준 선생님, 묘 이장을 데리고 다니며 풍수 기초

운명에 만약은 없다

를 가르쳐주신 스님, 함께 공부한 도반을 비롯한 여러 선생을 찾아 다녔다. 심지어는 임자도에 있는 단학선원에까지 찾아갔다.

아무리 해석해도 결국에는 한가지 명제에서 멈추곤 했다. 지구 상에 하루에도 30만 명 이상이 같은 날 태어나는데 '동시에 태어난 두 사람이 있다면 어떻게 해석할 것인가' 하는 명제였다. 어떤 사람은 부모의 사주가 영향을 미친다고 했다. 그럼 그건 본인 사주가 아니라 부모 사주를 푸는 것이 아닌가! 사주 명리로 운명을 해석할 때 답이 없는 단골 질문에서 늪에 빠진 기분이 들었다.

그 고민에 빠져 있을 때 충산선생을 만나게 되었다. 이 어른이 사주도 안 보고 사람 얼굴만 보면 다 맞춘다고 소문이 난 관상학의 재야 고수였다. 소개에 소개를 더해 뵈었더니, 과연 듣던 대로 막힘없이 풀어내셨다.

"사주도 전혀 안 보고 어떻게 그렇게 아십니까?"

충산선생은 사주 명리에 대해서는 전혀 아는 바가 없고 얼굴만 보면 다 알 수 있다고 하셨다. 얼굴에는 운명 지도가 그려져 있다는 것이다.

어쩌면 풀리지 않았던 사주 명리 해석이 관상에 열쇠가 있었던 건 아니었을까 의문이 들었다. 이후 충산선생의 제자로 입문해 긴 시간 동안 관상에 대해 배웠다. 사주 명리 공부에서 모자라는 것을 채우기 위해 집중적으로 관상을 파고 들기 시작했다. 대부분 공부는 현장에서 찾아오는 사람들의 얼굴을 유심히 보는 게 주된 방법이었다. 일과가 끝나고 저녁이 되면 낮에 본 사람의 얼굴을 떠올리며 그대로 그려 나가는 것이 복습이었다. 사주 명리는 사주 명리대로 공부해 나가며 관상을 접목시키기 시작했다.

시간성 사주와 공간성 관상을 합해 풀어가기 시작하니 해석의 관점이 드디어 달라지기 시작했다. 충산선생을 만나고서야 명리와 관상을 동시에 봐야 한다는 깨달음을 얻을 수 있었던 것이다.

충북 영동에 가면 반야사라는 절이 있다. 제대로 공부하려고 충산선생이 갖고 있었던 관상책, 감정지 묶음과 시중에서 파는 관상책까지 몽땅 싸서 반야사로 들어가 필사하기 시작했다. 당시에는 스승이 곧 교재요 스승의 감정지는 시험 족보 정도 되었다.

그런데 시중에서 구입한 책들을 필사하면서 살펴보니 좀 이상했다. 이 사람이 쓴 것을 저 사람이 베껴 쓰고, 다른 사람이 또 베껴 쓴 것이었다. 이런 방법의 필사로는 도저히 관상 보는 눈이 터지지 않았다. 관상은 직관력을 무척 요하는 분야였다. 이래서는 안 되겠다 싶어서 갖고 간 감정지들을 벽에 다 붙여 놓고 종일 방에서 나오지 않고 뚫어져라 쳐다보았다. 그렇게 연구에 연구를 거듭하고 충산선생께 다시 가서 배우기를 10여 년 넘게 했다.

충산선생은 풍수도 아는 분이라 내 손으로 직접 유골을 만져볼 기회도 꽤 있었다. 칠성판[7] 위에 유골을 하나하나 수습하며 골상과 얼굴의 연관성에 대해서도 알려주셨다.

그러다 보니 사주 명리와 관상이 유기적으로 맞물려야 한 사람

운명에 만약은 없다

의 운명의 비밀을 풀 수 있음을 알게 되었다. 사주 명리와 관상은 별개가 아닌 하나임을 깨우치게 된 것이다. 반면, 얼굴만 보면 다 알 수 있다는 그때 충산선생의 말 또한 틀린 말은 아니다. 현재 홍채 인식이나 지문이 신분증을 대신하고 있지 않는가.

충산선생은 돌아가실 때 가족에게 별다른 유언을 남기지 않고, 내게 비기에 해당하는 관상 감정지만 몽땅 다 남기고 떠나셨다. 내가 평생을 따랐던 스승이셨기 때문에 또 한 분의 스승인 제산선생과 만나게 해드린 적도 있었다. 관상학의 대가 백운학 선생을 능가한 분인데 운이 따르지 않아 고향 충무에서만 유명하셨다는 게 안타까울 뿐이다.

관상과 인상은 다르다

인상은 좁은 의미의 관상이다. 얼굴만 보는 인물 감정이라서 기초 분야에 해당한다. 미간을 찌푸리면 '인상 쓰지 마라' 하지 '관상 쓰지 마라' 하지 않는다. 관상을 얼굴의 전반적인 느낌을 해석하는 것이라 얼굴경영이라는 말을 쓰는 분도 있다. 역술경영, 얼굴경영, 사주경영 등 온갖 분야에 경영이라고 붙이는 것은 이 시대가 물질시대로 돈의 영향력 아래에 우리가 살고 있다는 것을 여실히 증명하는 것이 아닌가 싶다.

인상은 이미지 메이킹도 가능하고, 섭취하는 영양소와 기분에 따라 달라 보이기도 한다. 보는 사람에 따라 느끼는 바가 다양하게 나타나는 게 인상이다.

인상의 인은 사람 인(人) 또는 도장 인(印)을 쓰고, 상은 서로 상(相) 또는 코끼리 상(象)자를 쓴다. 도장 인자를 쓰는 이유는 도장처럼 누구나 이목구비가 정해진 자리에 있기 때문이다.

운명에 만약은 없다

인상에서는 예쁘게 생겼다, 무섭게 생겼다, 곱게 생겼다 등으로 표현되는 이목구비의 균형을 본다. 도장을 새길 때 글자 간의 균형을 맞추듯 얼굴의 균형이 잘 맞으면 인상이 좋아 보인다는 뜻이다.

더해서 볼 관(觀)자를 쓰면 인상의 균형에 '조화'가 더해진다. 인상이 보이는 것이라면 관상은 드러나는 것이라고 할 수 있다. 관상은 감추려고 해도 감출 수 없는 본성이다. 관상은 인상과 달리 몸의 모든 것을 다 본다. 얼굴뿐만 아니라 걸음걸이, 먹는 모습, 음성, 낯빛, 심지어 대소변 보는 모습 등등 한 사람의 몸에서 볼 수 있는 모든 것의 조화를 본다.

균형은 누구나 보고 배울 수 있지만, 조화는 가르치기도 배우기도 힘들다. 상담하는 사람들은 사주 명리에서 '직관'이 필요하듯이, 관상에서 '조화'를 읽는 능력이 필요하다.

앞서 말한 것처럼 음양오행은 항상 존재하는데 인간의 능력으로는 칼로 무 자르듯이 구별할 수 없고, 대체적으로 큰 특징을 잡아낼 수 있을 뿐이다. 인간의 침입을 허락하지 않는 우주의 조화를 인간으로서 다 파악하는 것은 불가능하다. 다만 짐작할 뿐이다.

'소우주'라 일컫는 인간에게서 발현된 우주의 조화가 어떤 것인지 살피는 것이 관상이다. 관상의 최고가 심상인 것은 이 모든 것들을 조화롭게 아우르는 것이 마음이고, 마음을 곱게 쓰면 모든 것이 조화로 말미암아 아름답게 보이기 때문이다.

'예쁘지는 않은데 호감형'이라는 말이 있다. 이목구비가 뚜렷하거나 키가 크거나 몸매가 좋은 것이 아닌데도 끌리는 사람이 있다. 심상의 아름다움이 몸 전체에 조화를 이루기 때문에 여러 사람의 호감을 사는 것이다. 이는 대통령이나 재벌 관상과는 또 다르다. 대통령이나 재벌 같은 인물은 세인들의 호불호마저 뛰어넘는 타고난 운명이 있고, 그 운명이 관상에 드러난다.

인상은 평면, 관상은 입체를 본다.

관상을 본다고 하지만 대부분 인상을 보는 것에 그치는 것은 인상이 관상의 기초이기 때문이다. 날랜 사람을 보고 '족제비 같이 생겼다'라고 보는 것은 단순하게 평면의 인상만 보는 것이다. 동물에 빗대어 감정하는 '동물관상학'이라는 분야도 있다.

관상은 인상과 함께 수상(手相), 족상(足相), 태(態), 음상(音相), 심상(心相) 등을 더해 균형을 넘어서는 조화를 본다. 균형이 무너진 상이라도 마음은 그 반대일 수 있기 때문이다.

균형적으로 빼어난 사기꾼들은 호남형에 매너가 좋다. 그래야 남을 속일 수 있기 때문이다. 그런데 사람들은 그 마음을 읽을 수 없으니 사기꾼에게 당한다. 반대로 외모는 악해 보이더라도 마음속은 천사라 할 만큼 선할 수 있다. 균형만 봤을 때 생기는 오류이다.

관상 또한 개체이기 때문에 각자에게만 해당하므로, 제대로 사주명리를 보려면 개체의 조화를 봐야 한다. 그래야 각 개체가 사주와

운명에 만약은 없다

관상이 합쳐진 완전한 운명이 된다.

얼굴은 자연의 법칙 그대로 연결된다. 자연에는 길흉이 없는데, 자연을 그대로 닮았다고 하는 사람의 몸에는 마음이 들어가 길흉이 생긴다. 자연을 강조하는 이유는 자연 속에 들어가야 편안해지기 때문이다. 편안함은 행복을 추구하는 궁극적인 목적이다.

사람의 생김새는 자연과 같다.

산에 나무가 있는 것처럼 머리카락은 산천초목과 같다. 나무의 종류가 제각각이듯 사람의 머리카락도 모질, 길이, 숱, 색깔 모두 다르다. 그중에서도 자연을 닮은 것이 가장 좋다. 사계절 속에서 변화하면서 본질은 변하지 않는 것이다.

인상학에서는 머리카락이 윤택하고, 가늘고 등의 좋은 모양을 규정해 놓았다. 틀린 말은 아니지만, 평면적으로 반 정도만 맞는 말이다.

자연과 닮은 것이 좋다는 말은 다시 말해 내 몸과 조화가 잘 맞아야 한다는 의미다. 산에 어울리는 나무가 되어야 한다. 큰 산에는 큰 나무가, 작은 산에는 작은 나무가 자라는 것이 합당하다. 아무리 아름다운 머리카락이라도 신체와 전반적으로 잘 맞지 않으면 관상에서는 좋게 보지 않는다. 미용실에서 머리를 해보면 안다. 같은 미용사가 똑같이 하려 해도 머리카락마다 시술 결과는 모두 다르다.

자신을 아름답게 가꾸는 것도 자연의 조화이다.

강의 시간에 계속 질문하는 수강생이 있었다.
"남편이랑 각방 쓰지요?"
"아니, 어떻게 아셨어요?"
"어떻게 알긴요, 머리를 안 감고 왔으니까 알지요."
실제 별거하고 있다면서 신기해했다. 신기한 일이 아니다. 여성이든 남성이든 외모에 신경 쓰지 않는다는 것은 잘 보이고 싶은 상대가 없거나 사회생활을 하지 않는다는 뜻이기 때문에 충분히 유추가 가능한 일이다. 남성은 남성다운, 여성은 여성다운, 초년은 초년다운, 중년은 중년다운 외모가 자연의 이치에 위배되지 않는 것이다.

환갑이 지나 흰 머리가 날 시기가 되었는데도 홀로 검은 머리를 유지하는 것 또한 좋아할 일이 아니다. 자연의 이치로는 단풍이 들지 않는 것과 같으니, 자녀로부터 보호받지 못하고, 경제적으로 안정되지 않아 돈을 벌어야 한다는 의미이다. 나이보다 젊다는 것은 사회생활을 끊임없이 한다는 뜻이고, 곧 중년의 삶이 고단할 수도 있음을 나타낸다. 가을은 빨리 와도 늦게 와도 문제이다.

관상에서 가장 중요한 것은 음성과 눈빛이다.

운명에 만약은 없다

복은 타고나는 것이고 운은 복에 따라 오는 것이라 얼굴에서 복을 보는 것도 운명 파악의 한 부분이다. 음성과 눈빛이 관상의 주인이고, 나머지는 머슴이라고 해도 과언이 아니다. 다른 부분이 조금씩 틀어져 있어도 음성과 눈빛이 올바르면 감안해서 보아야 한다.

유형을 보고 무형의 기를 파악해야 하니, 관상은 책을 보고 공부하는 사주 명리보다 배우는 걸음이 더 무겁고 더디다. 많은 사람을 임상하고 시간이 흘러 자기 안에 이론이 정립되어야 비로소 타인의 얼굴을 감정할 만한 실력이 생기는 것이다.

단순히 책으로 공부해서는 관상을 알 수 없다. 책에 맞는 내용도 있지만, 본질을 보는 방법은 아니다. 교재는 그저 기본을 익히기 위한 연습장이라고 생각하고 공부를 시작해야 한다.

생김새를 아는 것도 중요하지만
마음을 읽는 것이 더 중요하다.

눈은 해와 달에 비유한다. 눈썹은 눈 위에 있으니 은하수로 보거나, 자연 형상으로는 나뭇가지에도 비유할 수 있다. 산의 높낮이와 산맥, 바위, 계곡이 다 다르듯이 관골(광대뼈), 코도 제각각이다. 뼈는 돌(광석)로 보고, 살은 땅(흙)으로 본다. 산에서 물이 흘러내리면 바다로 가듯이, 입은 복의 최종 종착지 바다로 본다. 바람은 숨을 쉬는 것으로 본다. 자연에 다양한 소리가 존재하듯, 사람도 다양한 음성을 가지고 있다.

현재의 형상도 자연이지만, 사계절의 시간이 지나는 세월도 자연이다. 봄여름가을겨울 각각 형상이 다르듯이 사람의 초년 청년 중년 말년도 이에 빗대어 보아야 옳다.

사주와 관상, 모든 것은 시간이 주관한다. 동시(同時)이기 때문에 시간과 공간은 뗄 수 없다. 그래야 운명학의 완성도를 조금이나마 높일 수 있다.

얼굴에는 운명지도가 그려져 있다.

사주로 통변할 때 여덟 글자의 의미를 먼저 익혀야 하듯이, 인상, 얼굴에 나타난 지도를 익혀야만 관상으로 의미를 확장해 나갈 수 있다.

자연의 법칙으로 보면 코는 얼굴에서 자기 자신을 대표하는 자리이다. 코는 얼굴 중앙에 세로로 세워져 있어 나무 몸통이 되고, 가로로 누운 눈썹과 눈, 그리고 입은 뿌리가 된다. 귀는 세로로 서 있으나 밖에 붙어 있어서 다른 우주로 본다.

관상에서 갑목은 머리카락, 을목은 눈썹으로 본다. 윗수염은 을목, 아랫수염은 갑목, 겨드랑이 털은 지장간에 갑목, 생식기 털은 지장간에 을목으로 친다. 몸에 난 털을 초목으로 보면 초년 청년 중년 말년의 변화를 사계절로 정확히 파악할 수 있다.

운명에 만약은 없다

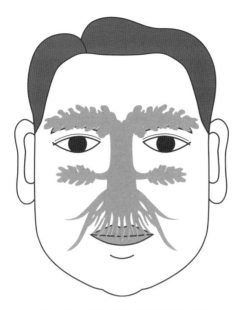

· **얼굴에 그려진 나무 모양의 관상 지도** ·

　사계절의 변화와 함께 우리 몸도 변화한다. 몸에 난 털을 초목으로 상정하면 가을의 시기에 들어서면 머리카락이 흰색으로 바뀌어 간다. 가을의 나무는 잎을 떨구고 열매를 수확하게 하며 겨울을 맞이할 채비를 한다. 성장을 멈추고 기다린다. 가을의 금(金) 기운이 목(木)을 극하는 것이다. 극한다고 해서 해치는 의미가 아니다. 금 기운의 가을이 있어야 겨울을 견디고 봄을 다시 맞이할 수 있다.

　자연의 위대함이 여기에 있다. 가을에 충실하지 못하면 봄이 없다. 가을은 멈춤으로써 만물이 영양분을 뿌리로 보내 겨울을 이겨내게 만드는 것이다. 가을의 자연현상을 단풍이라 할 때, 관상에서 너무 아름다운 얼굴은 단풍과 같은 것이므로 곧 불어 닥칠 겨울을 예고하는 것이다.

아름다운 얼굴은 사회생활이 활발함을 뜻하기도 한다. 결혼과 동시에 활동을 멈춘 여자 연예인들이 이혼하고 다시 활동하는 것에 비춰 보면 금세 이해할 수 있는 이치이다.

계절은 우주가 만들어내는 변화를 눈으로 확인시켜 준다. 얼굴에도 계절이 있다. 이마는 봄, 눈은 여름, 코는 가을, 입은 겨울이다. 이마는 초년 운, 눈은 청년 운과 중년 운, 코는 장년 운, 입은 노년 운으로 보는 것은 이러한 이치이다.

운명에 만약은 없다

최고의 관상은
자연 그대로의 조화를 보여준다

좋은 관상이란 자연을 닮은 듯 몸의 편안하고 자연스러운 자세에서
나온다. 사주와 관상이 하나라고 내내 말하는 이유가 여기에 있다.
인간은 명(命)에 따라 살면서 운(運)에 따른 행동을 하게끔 태어났다.
마음이 내키는 대로 자유의지를 행하면 고달픈 일들이 생기기 마련
이다.

　운명이 무엇인지 알면 자연 현상이 사람과의 관계에서 어떤 논리
적인 이치가 있는지 알 수 있다. 그래서 마음을 다스리고 적응하는
힘을 키울 수 있다. 자연에 적응하는 힘을 기르면 편안해져서 얼굴
에 화색이 좋아지니 좋은 관상을 갖게 된다.

　관상도 태어날 때 받아온 운명의 일부이니
　이를 부정할 수 없다.

내게 주어진 복이 운명과 일치한다는 것을 형체로 드러난 관상으로 확인하는 순간 고개를 끄덕이지 않을 수 없다.

2012년 대통령 선거가 한창일 때 언론들로부터 누가 '왕이 될 상'인지 묻는 연락을 많이 받았다. 그 가운데 매일경제신문과 한 시간이 넘도록 통화했는데, 기사화되지 않은 얘기도 많이 했다. 책을 쓰느라 모아둔 자료를 찾다가 녹취록을 발견했는데, 지금 읽어도 한탄스러운 대목이 있었다.

한 후보가 뒤태가 불안정하고 걸음걸이에 힘이 없어서 측근을 잘 두고 관리해야 한다는 말을 한 것이다. 문제가 생기면 측근으로부터 오는 것이라 말했는데, 나도 기자도 크게 신경을 쓴 대목은 아니었다.

이후 그분은 대통령이 되었고, 임기 5년을 못 채우고 측근들의 국정농단으로 인해 옥고를 치르고야 말았다. 그분이 대통령이 될 지 측근이 누구인지도 모를 때 했던 말이다.

뒤태까지 보는 것이 관상이다. 자연의 이치는 한 치도 어긋남이 없다. 뒤가 불안정하면 누군가 보필을 할 것이고, 보필을 하는 사람이 나쁜 마음을 먹으면 그 마음을 막을 길이 없다. 의지하는 사람도 의지가 되어주는 사람도 제일 중요한 것은 마음이므로 관상에서도 심상이 제일 중요한 것이다.

관(觀)이란 고요한 상태에서 자세히 바라본다는 의미이다.

운명에 만약은 없다

내가 고요해지면 상대를 자세히 바라볼 수 있다. 심안(心眼)이 트이려면 한 사람의 모든 일거수일투족을 다 관찰해야 한다. 관상을 사진으로만 볼 수 없는 이유이기도 하다. 그래서 무엇보다 임상 경험이 많아야 한다. 평면적으로 이론에 맞춰 찍은 듯이 보는 인상은 학습으로도 가능하지만, 태(態)와 색(色)까지 입체적으로 보는 관상은 사주 명리 공부를 오랜 시간 병행할 때만 가능하기 때문이다.

눈은 해가 뜨는 낮을 의미한다.

눈은 태양이고 얼굴의 살은 땅으로 보기 때문에 눈이 약하면 얼굴에 살이 없어야 한다. 반대로 눈빛이 강하면 얼굴에 살이 많아야 한다. 명리의 상생구조인 화생토(火生土)를 적용하는 것이다. 눈이 약한데 눈썹이 강하면 그늘진다. 눈은 해와 달을 상징하므로 빛을 잃으면 산천초목이 성장을 못 한다. 수풀과 초목인 머리카락과 수염은 적당하게 있어야 뿌리가 썩지 않는다.

해가 지고난 뒤 밤의 작용은 입을 본다.

예를 들어 '저 사람은 눈이 아주 음흉하다'라고 느끼면 입에서 쏟아지는 말이 참인지 거짓인지 분별해서 들어야 한다. 입은 수(水), 눈은 화(火)로 입과 눈은 서로를 견제하고 있다. 이를 수화기제(水火既

濟, 수화미제 혹은 수화상제)라고 한다. 인체의 70퍼센트는 물로 구성되어 있다. 수성(水性)은 조화를 이루는 데 큰 역할을 한다. 조화가 안 되면 만물을 못 키운다. 입술의 색깔까지도 건강과 연관해 중요하게 보아야 한다.

모든 물이 마지막에 입으로 모이기 때문에 입은 인생의 총결산을 의미한다. 넉넉하고 너그럽게 형성되어 있어야 위에서 내려오는 물을 잘 받아들여 농사짓는 데 활용할 수 있다.

모든 화근이 입에 있는 만큼 입은 중요한 곳이다. 입술, 잇몸, 치아, 혀를 살피되, 입에서 나오는 말을 잘 들어봐야 한다. 입 모양이 험악하게 생겨도 말씨가 아름답고 예절을 갖춰 말하면 좋은 입을 가졌다고 한다.

모양에 속으면 안 된다.

얼굴만 살피는 인상은 턱을 땅[地]으로 보지만, 관상에서는 발까지 포함하여 족상(足相)을 보기도 한다. 발은 지기(地氣)와 관련돼 있어 미치는 영향이 막대하다. 그래서 손발을 소중히 여겨야 한다. 관상에서 중요하게 보는 부분이며 발은 살이 있어 두툼해야 좋다. 족상도 음양을 구분한다. 여자와 남자의 발은 크기에서 차이가 나는데, 여자 발이 체구에 비해 크면 음양이 바뀐 것이다.

운명에 만약은 없다

머리는 하늘의 형상이므로 높고 둥글어야 한다.

이마는 복을 불러들이는 하늘의 창고이다. 머리 두(頭), 이마 액
(額), 머리와 이마는 하늘을 닮아서 원방(圓方)형이어야 한다. 둥글면
서 도톰하게 솟은 훤한 이마는 좋은 이마이다. 하늘은 우주에서 처
음 연결되는 곳이라 조상 복이 앉아 있다. 몸 전체를 볼 때는 머리
[골상, 骨相]를 하늘로 보고, 얼굴만 다룰 때는 이마를 하늘로 본다.

관상은 농사를 짓는 것과 비교해서 생각해야 한다.

평생 농사를 짓는 기운이 얼굴에 얼마나 드러나는지 살피면 틀
리는 일이 적다. 결실을 맺는 과정에서 농사만큼 정확하고 틀림없
는 이치가 드물다. 아무리 더워도 처서가 지나면 밤낮으로 선선한
바람이 불기 시작한다. 5월 농사꾼이 8월 신선이 된다는 말도 있다.
관상에서 복을 찾는 것은 자연의 이치를 찾아 평생의 결실을 어떻
게 맺을지 유추하는 것이다.

땅은 얼굴이나 몸 전체의 살이라서 비옥한지, 농작물을 못 키울
땅인지 생각해야 한다. 눈은 해와 달이라 밝은지, 어떤 계절인지 살
핌으로써 얼굴에 서려 있는 운명을 읽을 수 있다.

자연의 형상으로 보면 관골은 산악을 이루는 형상이다. 우리가
흔히 말하는 광대뼈인데, 툭 튀어나온 이곳이 솟으면 그 아래 법령

(法令, 팔자주름)이 움푹 패면서 눈에서 코를 타고 흘러내린 기운을 입으로 모아 가두는 역할을 한다.

눈은 해와 달의 형상이므로 밝은 빛이 나야 하고, 코는 산악의 형상이어서 전체적으로 굵직하고 약간 높은 것이 좋다. 법령은 계곡이요, 인중은 강이요, 입은 바다이다. 턱과 살은 흙과 땅이요, 몸속의 뼈는 금석(金石)이다. 귀는 남극과 북극의 물이요, 머리카락과 수염과 털은 산천초목이다. 목소리는 우레와 번개와 벼락의 형상이다.

구구절절했으나 하나로 귀결된다. 조화로운 것이 최고의 관상이다.

운명에 만약은 없다

당대 최고 관상을 지닌 워렌 버핏

투자의 귀재, 오마하의 현인으로 잘 알려진 인물이지요. 전 세계인이 가장 갖고 싶은 핸드폰인 애플사 아이폰의 최대 주주이고, 전 세계인이 가장 많이 마시는 음료인 코카콜라의 최대 주주입니다.

1960년대부터 오늘날까지 세계 부자 1-3위를 오르내리는 금세기 최고 부자입니다. 그런데 이 재산의 90퍼센트가 그의 나이 65세 이후에 이룬 것이라니 놀랍지 않습니까? 관상을 한번 볼까요?

1. 이마 : 이마는 삼정(三停) 중 천(天)에 해당하는 상정입니다. 코끝까지는 중정[人], 턱까지는 하정[地]이라고 부르는데요, 이마는 한자로 액(額)이라고 해서 한 사람의 현판이나 간판을 의미합니다. 금액(金額)과 총액(總額)이라는 단어에도 액(額)을 쓰는데, 결국 돈과 결부된 얼굴 부위입니다. 워렌 버핏은 하늘에 해당하는 이마가 넓고 반듯하여 천창(天倉:하늘의 창고)과 천정(天庭:하늘의 뜰)이 크고 넓어서 복덕이 있고 재물을 많이 채워 넣을 수 있습니다. 여섯 살 때 아버지가 주식통장을 선물하면서 돈에 일찌감치 눈을 떴다고 하죠. 부모의 덕을 보는 초년운부터 좋았던 겁니다.

2. 코 : 코를 중심으로 좌우가 균형 있게 자리를 잡고 있습니다. 코에 살이 붙어 있을 뿐만 아니라 콧구멍이 보이지 않게 잘 막혀 있습니다.

재백궁인 코의 조화가 예사롭지 않습니다. 얼굴에서 자기 자신에 해당하고 마음의 근본을 알 수 있는 코는 모양이 원만 풍대하여 그 마음 또한 자비롭고 덕이 많아서 남을 이롭게 할 상입니다. 코는 계절로는 결실을 거두는 가을로 보고, 중년 운을 보는 곳입니다. 코카콜라 주식을 매입한 것이 50세 전후이지요. 살이 많고 풍만하면서 콧방울이 야무지고 조화가 되어 부자 복을 타고났어요.

3. 관골 : 관골은 불룩하게 솟은 광대뼈 부위입니다. 단단하게 자리를 잡고 있어야 지도력과 책임감을 보입니다. 뾰족하게 솟으면 안하무인이 되기 쉽고, 납작하게 내려앉으면 사회적 지위가 초라해집니다. 전 세계에서 제일 유명한 투자자가 된 것은 우연이 아니겠지요. 사회활동과 인덕을 보는 관골이 부하복(동업자복)이 있고 실수가 적은 생김새입니다. 버핏이 1956년 고향으로 돌아가 결성한 투자조합이 현재 천문학적인 수익을 거두는 투자그룹 '버크셔 해서웨이'입니다.

4. 귀 : 귀는 멀리서 봐도 그 윤곽이 선명하고 크기가 얼굴 전체의 조화에서 두드러지지 않습니다. 누가 봐도 부처님 귀처럼 두툼하게 자리를 잡았어요. 남의 말을 귀담아 듣는 신중한 품성을 엿볼 수 있습니다. 건강 전체를 살필 수 있는 부위인데, 90세가 넘도록 전 세계를 누비면서 활동하는 것에서 타고난 건강과 장수 복을 확인할 수 있지요.

5. 입 : 입 주위를 보면 마치 계곡의 물이 모여드는 형국을 이룹니다.

운명에 만약은 없다

이마에서 시작된 초년 운과 인중까지 미치는 중년 운을 입에서 샐 틈 없이 받쳐주고 있지요. 나이가 들수록 법령은 깊어지면서 뚜렷해야 되는데, 입을 잘 보호하고 말년에 해당하는 턱까지도 내려와 있으니 죽을 때까지 운이 좋아서 부자가 되는 상입니다.

얼굴 전체에 비하면 눈은 작은데 눈빛이 영롱하고 나이가 들어도 빛이 있으니 부귀복덕과 건강 장수를 하는 것 같습니다. 관상에서 최고 중요한 것은 눈빛과 음성입니다. 천지가 아무리 크다 해도 해와 달[日月]의 빛을 의지하는 것이니 눈은 바로 만물의 존재 근거가 되지요.

얼굴 전체의 조화가 어디 하나 빠지거나 모자라거나 넘치거나 과한 곳이 없이, 왜 최고의 부자인지 관상에서 다 보여주고 있습니다. 세계에서 하나밖에 없는 귀한 상으로 보입니다.

얼굴 4인방,
귀 눈 코 입

귀는 바깥에서 얼굴을 보호하니 객관적으로 초년운에서 말년운까지의 일생을 일찍부터 암시하고 있다. 눈썹보다 높은 자리에 있으면 이상적이다.

눈은 검을수록 좋은데 맑고 빛이 있어야 한다. 눈은 만물을 비추는 거울이라 모양이 가늘고 긴 듯, 길수록 좋다.

코는 얼굴 한복판에 솟아 얼굴의 조화와 여백을 채우는 기둥 역할을 한다. 코는 자기 자신의 중심축으로 자존감, 기량, 위상, 긍지 등을 대변한다. 코에 붙은 살은 재물을 의미하며 풍성할수록 재복이 쌓인다.

입은 입술과 치아, 혀로 구분된다. 입술의 색깔은 주사(朱砂)처럼 붉고, 치아는 백옥같이 희고, 입을 오므리면 작게 보이고 벌리면 크게 보이는 사람은 만년에 복록이 많을 상이다. 입의 크기는 주로 생활력의 강도나 성격의 음양을 나타낸다.

운명에 만약은 없다

귀가 얼굴 뒤에 서 있는 의미를 보자.

음양의 이치로 귀를 살피면, 왼쪽 귀는 낮 오른쪽 귀는 밤을 나타낸다. 낮의 소리는 양이고 밤의 소리는 음이다. 나쁜 소리는 여과해 걸러서 듣고, 좋은 소리는 살펴서 들으라는 뜻에서 음양을 구분하여 귀는 두 개인 것이다.

귀가 입보다 높이 있는 것은 내 말보다는 남의 말을 더 존중하라는 것이고, 눈과 입은 열고 닫을 수 있지만 귀는 항상 열려 있으니 남의 말을 잘 들으라는 이치이다.

좋은 귀는 두껍고 귓바퀴 윤곽이 뚜렷하고, 귀 윤곽 안 가운데 물렁뼈인 연골조직이 반듯하다. 귓불이 늘어진 듯 도톰하면 학문과 관직에 오래 있고, 덕이 무르익은 사람처럼 마음이 돈독하다. 귀는 큰데 코가 작으면 돈에 대한 근심이 떠나지 않는다. 코의 재산궁과 자존감을 귀가 덮어버리기 때문이다.

귀가 일생을 암시하고 있는 것은 귀의 모양을 통해 유전, 재운, 체질에서 비롯한 건강, 성격, 식성 등을 다 살펴볼 수 있기 때문이다.

귀의 모양은 흡사 아기가 엄마 자궁에서 거꾸로 누워 있는 모습을 닮았다. 건강에서는 신장, 나이로 보면 유년시절을 의미한다. 얼굴에 비해 귀가 크면 부모 복이 약하다. 눈까지 불길하면 고아상에 가깝다. 유심히 관찰하면 얼굴은 잘 생겼어도 귀가 기형인 사람들이 제법 많다. 초년에 가정환경이 불우했거나 마음고생을 읽을 수 있는 대목이다.

작은 귀라 하더라도 귓불의 살이 두껍고 단단하고 윤곽이 분명하면 크고 좋은 귀로 본다. 귀를 성형하는 사람은 많지 않다. 있는 그대로 드러내기 때문에 과장이나 가장이 없다. 겉치레가 안 되는 신체 부위가 귀이다. 생김새가 다소 일그러져도 밝고 깨끗하면 좋은 귀이다. 열린 자세로 상대방에게 귀 기울이는 사람이라면 응당 윤기가 있고 맑다. 유형의 귀 생김새가 불완전하면 무형의 듣는 귀를 더 열면 된다.

눈은 글자 없는 마음의 사전이다.

스쳐 가는 눈빛에도 상대의 마음을 엿볼 수 있다. 젊은 청춘 남녀가 눈이 맞으면 옥황상제가 와서 떼놓으려 해도 소용이 없다. 눈은 정신을 담고 있는 그릇이어서 눈길을 빼앗기는 순간 무슨 짓을 하고 있는지도 모르게 혼이 빠져나간다. 탈무드에는 '다 큰 처녀를 집에 가두느니 이[蝨] 백 마리를 울타리에 가두는 게 쉽다'라는 말이 있다. 사랑에 빠진 사람은 아무도 못 말린다. 눈을 맞추고 하는 말은 새겨듣되 홀리지 않는 분별력이 필요하다.

운명에 만약은 없다

눈이 해와 달을 상징하는 것은
정신과 에너지가 머무는 아늑한
공간이고 우주의 집이기 때문이
다. 삼백안이라고 해서 검은 눈동
자가 흰자위 위에 떠 있는 눈을 흉

하게 여기는 것도 정신과 에너지가 머물지 못하고 불안하게 둥둥
뜨기 때문이다.

남을 업신여기거나 냉대할 때 사용하는 '백안시'는 흰자위를 드
러낸다는 뜻이다. 전투적 의미보다는 업신여기는 뜻이 강한데 백안
시는 《진서(晉書)》의 〈완적전(阮籍傳)〉에 나오는 완적(阮籍)의 태도에
서 유래한 말이다.

완적은 중국 진(晉)나라 초기에
노자(老子)와 장자(莊子)의 무위 사
상(無爲思想)을 좋아해서 죽림에서
담소 나누기를 즐겼던 일곱 명의
선비들 가운데 한 사람이었다. 하
루는 그에게 당대 지식인인 혜희
(嵆喜)가 술과 거문고를 가지고 찾
아왔다. 그러나 완적은 혜희가 평
소 즐겨 담론(談論)하던 친구인 혜
강(嵆康)의 형이었음에도 그를 백

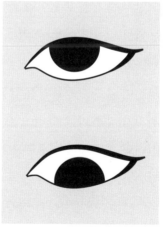

• 눈동자가 위로 떠올라 흰자위가 아래로 3
면이 보이면 하삼백안, 위로 3면이 보이
면 상삼백안이라 한다.

안시하며 상대해 주지 않았다. 자신이 추구하는 바와 다른 계통의 지식인이었기 때문이었다.

여기서 백안시는 눈동자를 치켜뜬 채 상대방을 보는 형상이다. 따스한 시선으로 상대방을 똑바로 바라보지 않고, 치켜뜨면 자연히 눈의 흰자위가 드러나게 된다. 누구나 치켜뜨면 백안이 되기 때문에 상대방을 바로 바라보고 치켜뜨지 않도록 노력하라는 고사이다.

자연의 원리로 풀자면 눈에 흰자가 많은 것은 가을 서리가 하얗게 내려앉아 기운이 차가운 상태로 비유할 수 있다. 입추에서 입동까지이다. 검은 눈동자보다 흰자위가 너무 많으면 음기가 지나치게 올라와 조화가 깨진 것으로 본다.

검은 빛의 옻이라 해서 검은자위의 빛이 충만하고 견실하고 맑으면서 큰 눈을 흑칠이라 한다. 흑칠의 눈빛은 경영인, 학자, 예술가 등에서 많이 찾아볼 수 있다. 흑칠의 소유자는 재복과 명예운을 누린다.

눈이 흐르는 강물처럼 길고 적당하게 가늘고 깊으면서 눈동자의 검기가 칠을 바른 것 같고 점을 찍은 듯이 작은 것은 점칠이라 한다. 시대의 흐름과 물결에 부드럽게 올라타는 점칠은 무리에서 뛰어나 많은 사람을 통솔한다. 또한 점칠은 주변의 환경이나 조건이 나쁠 때 자신이 가진 최상의 역량을 발휘할 수 있다. 실패를 뒤집어 성공으로 이끄는데, 기업가 정주영 회장과 이병철 회장이 점칠의 소유자이다. 100년에 한 번 나올까 말까 한 천재로 알려진 제산선생께

운명에 만약은 없다

서도 점칠을 지니셨다.

눈은 해와 달을 상징하기 때문에 밝고 빛나야 세상의 빛으로 쓰임이 생긴다. 눈동자가 초롱초롱하게 빛나는 사람을 기업에서 선호하는 이유도 이 때문이다.

눈의 생김새는 길게 흐르는 강 물결에 비유해 적당히 가늘면서 길수록 좋다. 강물은 깊으면서 멀리 흘러가야 하기 때문이다. 눈은 정신적 보고로 선명하고 검을수록 좋은 눈이다. 마음에 근심이 있으면 눈의 탁함에서 드러난다. 마음의 즐거움을 찾아야 밝고 힘찬 눈빛을 유지할 수 있다.

코는 자기 자신의 존엄을 드러낸다.

자존감과 위상을 드러내는 코는 강하기만 하면 위선자가 되고, 약하면 감상적인 사람이 되기 쉽다. 콧대가 높고 우뚝 솟으면 거만한 느낌을 주게 되고, 납작하면 무기

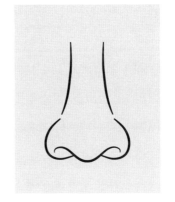

력한 사람으로 보인다. 코의 모양은 지나치게 커도 흠이고 모자라도 흠이다. 얼굴의 중심에 있는 코가 상하좌우 균형을 잡아야 조화로운 얼굴이 되기 때문이다. 코를 중심으로 기준을 둘로 하면 상하로 나누고 셋으

로 나누면 천인지(天人地)가 된다.

중앙상부는 조상, 부모, 윗사람, 초년 운, 정신세계를 뜻하고, 중앙하부는 자손, 아랫사람, 말년 운, 물질세계를 의미한다. 머리통 뒤 끝에서부터 뻗는 조상의 기운은 이마를 지나 코가 시작되는 산근에서 마무리된다. 이마는 조상, 눈은 부모, 코는 자기 자신, 코 밑으로는 자손을 보는 것이다.

큰 부자는 하늘이 내고, 작은 부자는 부지런히 노력하는 가운데 존재한다. 재산을 만드는 복은 눈과 관골에 있다. 눈이 좋고 사회궁인 관골이 코를 잘 보호하면 지혜와 총명이 뛰어나고 사회성이 좋아 재산 만드는 능력이 있다.

코가 잘 되어 있어야 재산이 증식된다. 아무리 많은 돈이 들어와도 코가 불길하면 축적되지 않는다. 코가 사계절 가운데 가을에 해당하는 부위이기 때문이다. 가을은 결실을 의미한다.

코는 자기 자신이고, 재산이고, 운명의 중심부라 할 수 있다. 그래서 41~50세까지는 코의 지배를 받는 시기이다. 부부 운이나 건강, 사회 활동성을 코를 통해 알 수 있다.

배우 안성기의 코를 보면 산근에서부터 길고 강하게 굴곡 없이 내려와 있다. 코끝이 살이 두둑하고 풍성해서 인심이 후하고 인정이 서려 있다. 소통에 능하고, 타인을 응징하는 말이나 행동보다는 이해하는 측면에서 바라보니 겸양과 예의가 느껴지는 관상을 지녔다.

정신력의 강약은 눈에 있지만, 생김새의 강약은 코에 있다. 눈이

　　　　　　　　　　　　　　운명에 만약은 없다

마음의 창이라면 코는 운명의 창이다. 실천력과 노력을 얼마나 지닌 사람인지 보여주는 척도이기 때문이다.

얼굴에서 입은 유일하게 타인을 공격할 수 있는 부위이다.

입은 오관 가운데 가장 바쁘고, 가장 힘이 센 부위이다. 쉴 새 없이 말하고, 숨 쉬고, 씹는다. 혀는 입 안에 숨겨진 창이고, 입술은 입안을 보호하는 성

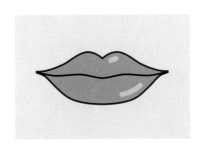

곽이다. 혀는 날카로워야 쓸모 있고, 입술은 두텁고 튼튼해야 제 구실을 한다.

눈으로 욕을 뱉을 수 없고, 코로 사람을 찌를 수 없고, 귀로 부채질할 수 없다. 하지만 입으로는 욕하고, 상처주고, 부채질하고, 위로도 할 수 있다. 입은 감정 표현을 할 수 있기에 희비(喜悲)의 양극적 성질을 지닌 기관이다.

입은 혀가 출입하는 문호로써 한 번 열고 한 번 닫히는 사이에도 영욕을 부른다. 이미 뱉은 말은 엎지른 물과 같아서 주워 담지 못한다. 입은 만물의 조화를 일으키고 깨뜨리는 재주가 있어서 화복(禍福)이 모두 입에서 일어난다고 해도 과언이 아니다.

입은 작은데 혀만 크면 융통성이 없어 발전하지 못한다. 입이 방

정(方正)하고 입 끝의 윤곽이 뚜렷하고 입술이 얇지 않고 빛깔이 고운 사람은 애정운, 금전운, 건강운이 모두 양호하다. 입술이 두툼하면 애정과 재물이 내재되어 있어 의식이 풍족하다. 얇은 입술은 냉담하고 이해심이 부족해 타인에 대한 경계심이 있는 사람이다. 경우에 따라서 이해득실을 많이 따지기도 한다.

모든 부위가 그렇듯 입의 모양은 좌우가 비뚤어지지 않아야 한다. 말을 할 때 입술이 비뚤어지는 사람은 의식적으로 반듯하게 바로잡는 노력을 할 필요가 있다. 입이 심하게 틀어지면 부부궁뿐만 아니라 자손궁도 좋지 않다.

입의 길이는 눈의 1.5배를 가장 이상적으로 꼽는다. 입의 크기는 생활력의 강도나 성격의 음양을 나타낸다. 입이 큰 사람은 대체로 생활력이 강해 부양가족이 있고, 입이 작은 사람은 바람을 자꾸 불어넣으면 터지듯 문제를 안고 있다.

입과 입 주위는 인생을 총체적으로 평가하는 자리이다. 입과 입 주위의 모양은 서로 보완하는 사이이므로 인간관계와 길흉화복에 많은 영향을 미친다.

야무지고 단정하고 힘 있게 보이며 좌우로 약간 올라간 듯한 배[舟] 모양을 좋은 상으로 친다. 꽉 다물어서 힘차게 보이고 입술 윤곽이 뚜렷하고 깨끗한 사람은 경제적으로 유복한 가정에서 출생하여 식복을 누린다. 입가에 주름이 많으면 말년에 자식들이 하는 일이 힘들고, 이혼하는 자녀가 나오는 등 고통스러운 날을 보낼 수도 있다.

성형은
기운을 돋우는 역할이다

한 스님이 강론을 하면서 이런 질문을 했다.

"하얀 종이를 파란 잉크에 넣으면 하얀 종이인가요? 파란 종이인가요?"

어떤 사람은 파란 종이라고 하고 어떤 사람은 하얀 종이라고 대답했다. 스님의 질문은 하얀 종이라는 본질이 파란 잉크라는 환경을 만났을 때 변하는가 하는 것이다.

이 말의 의미는 하얀 종이의 본질은 그대로인데 단지 파란 잉크라는 환경을 만났을 뿐이고, 환경을 안 만났으면 하얀 종이 그대로였을 거란 말이었다.

여기서 드는 의문은 '왜 파란 잉크라는 환경을 만났을까' 하는 것이다. 하얀 종이가 파란 잉크에 안 들어갔으면 하얀 종이 그대로일 텐데, 왜 들어가게 됐을까? 좋아서 물들었는가? 발을 헛디뎠는가?

하얀 종이라는 본질을 파란 잉크라는 환경과 분리하면 '안 들어가면 그대로일 텐데'라는 말도 성립한다. 앞서 말했듯 운명은 태어나기 전에 정해진 것인데, '파란 잉크에 안 들어가면 될 것'이라는 의지가 반영되어 있다. 만약은 없다. '만약 안 들어갔으면 안 변했을 텐데'라는 가정은 운명의 존재를 부정하는 말이 된다. 역사에 만약이 없다고 하는 것은 시간을 돌릴 수 없기 때문이다. 우리가 만약이라고 가정하는 것은 지나간 일에 대한 후회 내지는 미련이다.

언제 해도 늦는 것은 후회다.

바꿀 수 있다면 가만히 있을 사람이 있을까?

부모가 서로 만나기도 전에 내가 태어날 것이 정해져 있다면, 이미 모든 것이 정해져 있음인데 그것이 운의 흐름에 따라 변수를 만나 작용을 겪는다. 타고난 천성이 있다는 말이다.

인간의 운명은 통계가 아니다. 3천 년 이상 오랜 시간을 거치면서 대체로 이렇게 묶으니 이렇게 운명이 가더라는 통계에서 왔다는 주장은 당치 않다. 운명은 개체별로 다 다르다. 단 한 사람도 같은 운명이 없는데 어떻게 통계를 낼 수 있겠는가.

인간이라는 개체의 성립은 반드시 시간과 공간이 만나야 성립된다. 착상하는 순간 태아로서의 시간, 출생 시간, 한 사람으로서 살아가야 하는 시간, 공부할 때, 취업할 때, 배우자를 만나서 가정을 이룰 때와 같은 시간이 결정되고, 부모의 유전자로 오장육부에 따른 외모가 결정된다.

인간의 운명은 이때 결정된다. 관상도 이때 결정된다. 그러니 성형수술로 상을 바꾼다 한들 운명이 바뀔 리가 없다.

성형에는 플라시보 효과가 있다.

성형은 좋은 옷을 한 벌 장만하는 것과 같은 효과가 있다. 중요한 비즈니스 미팅이 있어서 프레젠테이션을 해야 하는데 색이 바랜 옷을 입고 나가면 그 프레젠테이션이 성공하겠는가. 친구가 좋은 사람을 소개시켜 주는 자리인데 최소한 화장은 하고, 옷은 갖춰 입고 나가는 것과 같은 이치이다.

성형은 내 눈에 예뻐 보이는 옷을 입듯 기분이 좋아지고, 시선을 받고, 그래서 더 자신감이 생기는 효과가 있다. 만약에 성형을 해서 운이 바뀌었다고 느낀다면 좋은 운의 흐름일 때 마침 성형을 해서 그렇게 느끼는 것이다. 용모가 자신감에 불을 붙이면 100을 벌 수 있는 일을 150, 200을 벌 수 있게 사이즈를 좀 더 확장 시킬 수는 있다. 그러나 지독하게 하강 운에 접어들어서 어떤 일을 해도 만족스럽지 못할 때 성형수술을 한다고 해서 바로 운이 확 바뀌지는 않는다.

코가 높아야 재복이 있다고 코를 한껏 높이면 그때부터 돈이 막 들어오는 사람이 있는가? 입꼬리가 배 모양으로 살짝 올라가야 돈을 가둔다고 하니 다들 입꼬리를 올리는데, 다 돈을 잘 가두고 있는가. 가두기는커녕 성형하느라 도로 돈이 새어나갔을 것이다.

이런 행위로 인해 좋은 결과가 있었다면 그것은 그 행위를 해서 운이 바뀐 게 아니라 원래 운의 흐름에 복이 있었던 것이다. 돈을 잘 벌고, 인기가 올라갈 운이었는데 때마침 성형을 한 것이다. 운의 흐름을 모르니 성형을 해서 잘 된 것이라 믿는 것이다.

사주와 관상을 따로 떼어서 본다면 성형으로 관상이 바뀔 수 있다는 말은 가능한 주장이다. 상(相)은 바뀔 수 있지만, 성형으로 인한 상의 변형이 타고난 운명을 바꾸지는 못 한다. 인간이라는 개체는 사주와 관상을 분리하면 존재가 성립하지 않기 때문에 떼어 놓을 수 없다. 태어날 때 받아온 표식에 사주와 관상이 동시에 존재한다. 그 표식이 운명의 흐름인데 성형은 이미지를 아름답게 가꾸는 것이지 운의 흐름과는 관계가 없다. 운은 시간 속에 이미 흐르고 있다.

연월일시 사주는 같아도, 쌍둥이라 해도 신체가 완전히 똑같은 사람이 없기 때문에 관상은 운명을 판독하는 선명한 지표가 된다. 통계가 아닌 개체로 판별해야 하는 이유도 여기에 있다. 사주와 관상이 하나가 되어 완전한 개체가 성립되니, 길흉도 사주와 관상을 하나로 통합해 존재한다는 이치이다.

안에서 밖을 보는 것은 사주고, 밖에서 안을 보는 것은 관상이다.

운명에 만약은 없다

사주는 생년월일을 잘못 알고 있으면 제대로 짚을 수 없다. 의외로 태어난 시를 모르는 경우가 많기 때문에 관상은 필히 동반되어야 한다.

사주 명리에서는 부모에게 자녀가 결정되어 있다는 증거가 부족할 수 있지만, 관상은 선천의 질(質)이기 때문에 DNA 유전자 감식을 통해 확실하게 알 수 있다. 부모를 닮았다는 것은 겉으로 보이는 이목구비가 아니라 몸 안의 오장육부를 닮았기 때문에 얼굴이 닮아 보이는 것이다.

오장육부가 생긴 대로 얼굴에 드러나기 때문에 얼굴을 보면 질병을 짐작할 수 있다. 한의사들이 관상에 관심을 갖고 자주 강연을 요청하는 이유도 여기에 있다. 부모의 장기를 닮기 때문에 병원에서 '가족력'을 묻는 것이다. 가족력이 상학(相學)이다. 그리고 이 전체를 움직이는 주인이 마음이다. 백병이 백약이라, 백 가지 병을 한 번에 해결하는 것이 마음이다.

관상만으로도 운명 감정은 부족하다. 부모에게서 유전정보를 받아 온 것이 전부라면 왜 부모와 인생이 다른지 생각해 보자. 정자와 난자의 착상 외에 인간이 모르는 우주의 기운이 스며들기 때문에 부모와 닮아도 다른 삶을 산다. 우주의 총체적 기운을 연구하는 학문이 동양학이다. 이것을 동양학에서 기(氣)라고 한다.

우주의 기운은 하늘의 명령이며, 그에 따라 연월일시와 모습이 만들어지니 그렇게 살아야 한다는 뜻이다. 이를 설명할 수 없으니

'전생'이라는 말이 등장한다. 한마디로 '모른다'라는 뜻이다.

동양학에서는 단순한 유전학 이상의 이치를 연구한다. 사주 명리에서 사주팔자가 정해져 있다고 하면, 이 또한 글자만으로는 유전을 설명할 수 없다. 본질은 몸 안에 있다. 몸 안에 사주가 있다는 의미이다.

사주는 사람 안의 기운이 글자를 통해 드러난 기운을 유추하고, 관상은 몸 안의 오장육부가 겉으로 드러나 보이기 때문에 밖에서 안을 보게 된다. 이렇게 마음자리를 찾는다.

운명에 만약은 없다

운명을 바꿀 수도 없는데
관상은 왜 보는가

2015년 4월에 아시아소사이어티(Asia Society) 초청으로 각국 대사들과 국내외 인사들이 모인 자리에서 관상에 대한 강연을 했다. 아시아소사이어티는 1956년 록펠러 3세 (John D. Rockefeller III)가 미국과 아시아의 이해증진을 목적으로 창립한 비영리 · 비정치 국제기구이다. 전 세계 16개 지부를 통해 정치, 경제, 문화예술, 교육의 네 가지 사업을 교류 협력하고 있다.

외국인을 대상으로 통역과 함께 진행한 그 강연에서 나온 첫 번째 질문이 '관상과 사주 가운데 어느 쪽이 더 중요한가'였다. 외국인들도 사주 명리와 관상에 대해서는 무척 흥미진진하게 받아들이는 눈치였다. 사주 명리와 관상은 똑같이 중요하며, 특히 사주 명리는 시간이 중요하다고 답했더니, 곧바로 다음 질문이 이어졌다. 자신들이 속한 국가 시간으로 사주 연월일시를 짚는지 한국 시간으로 연월일시를 짚는지 궁금해 했다.

사주 명리를 볼 때는 그 사람이 속한 국가의 시간 기준으로 보는 것이 맞다. 지구상에 태어난 모든 사람은 국가에 속해 있고, 그 국가만의 시간과 문화가 존재한다. 미국에서 태어난 사람은 미국 시간으로 보고, 한국에서 태어난 사람은 한국 시간을 적용해야 한다. 상과 사주 명리가 동시에 한 사람에게 나타나는 것이기 때문에, 상은 미국 상으로 판별하고 시간은 한국시간으로 적용하면 모순이 된다.

미국 사람이 한국에서 태어난다면 어떤 시간을 적용해야 하는지 질문도 이어졌다. 미국 사람이지만 한국에 태어나면 한국의 그 시간을 적용받아야 한다. 서머타임(summer time)이나 백야 현상 같은 시간도 동양학적 관점에서 접근해야 한다. 운명학에서 말하는 시간은 태양과 지구의 관계로 만들어진다. 해가 뜨고 지는 것에서 오는 시간이므로 인위적으로 만들어진 시간을 적용할 필요가 없는 것이다.

그날 외국인 몇 분의 관상을 즉석에서 봐주는 등 유의미한 시간을 보냈는데, 외국인도 우리와 마찬가지로 길흉화복에 대한 관심도가 매우 높았다.

이처럼 관상이나 사주 명리를 통해 운명을 보는 것은 미래를 알기 위함이다. 시간은 미래로만 향하기 때문이다. 현재도 찰나에 지나간다. 궁극적으로 미래에 어떻게 마음이 요동칠지 알기 위해 운명을 연구하는 것이다.

운명에 만약은 없다

운명을 바꾸지는 못 해도 관상을 보면 어느 정도 미래 예측이 가능하다. 얼굴에는 운명의 지도와 감정의 지도가 함께 실려 있기 때문이다. 미래 예측을 꿈꾸는 것은 지금까지의 경험과는 다르게 자신의 실수나 착각을 미리 줄여보려는 노력과 다르지 않다.

관상을 보는 목적은 사주의 월지를 보는 이유와 유사하다. 사회 활동이나 직업에 있어서 운명이 나에게 어떤 명찰을 달아줬는가, 또 상대방은 어떤 명찰을 달고 있는지 살펴보는 것이다.

가족 간에 관상이 뭐 필요하겠는가. 가족은 어떻게 생겼든 내 가족이다. 바꿀 수 없다. 선천적으로 명을 받은 환경이라고 하지 않았

· 사주 명리로 본 관상의 의미 ·

시(時)		일(日)		월(月)		연(年)	
시간 (時干)	와잠	일간 (日干)	코	월간 (月干)	눈썹	연간 (年干)	이마
시지 (時支)	인중 (비고정)	일지 (日支)	남: 난대, 정위 여: 준두	월지 (月支)	눈 (格局)	연지 (年支)	전택, 지각
정(貞)		이(利)		형(亨)		원(元)	
동(冬)		추(秋)		하(夏)		춘(春)	
실(實)		화(花)		묘(苗)		근(根)	
노후		가정		사회		고향	
자손(부하)		부부(처가)		형제(친구)		조상(부모)	

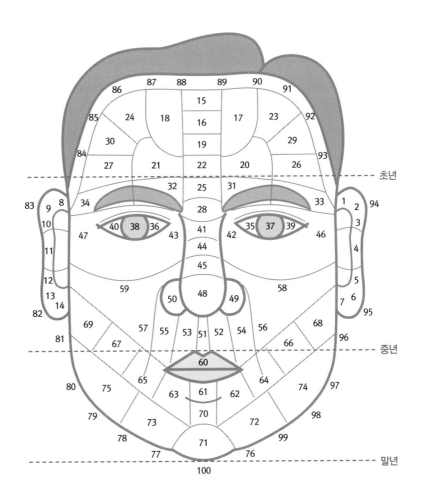

- 얼굴 안에 쓰여진 숫자는 나이를 의미한다.

  얼굴을 3등분하여 이마에서 산근까지는 초년, 산근에서 인중까지는 중년, 인중에서 턱까지는
  말년운을 의미하지만, 각각의 의미보다는 전체 조화가 자연스러운 것이 가장 좋은 관상이다.

운명에 만약은 없다

는가. 명심할 것은 관상을 보는 것은 운명을 바꾸려는 노력이 아니다. 얼굴에 숨겨진 길흉화복의 암시를 읽고 그나마 다행인 것을 찾는 것이다. 동업을 하자고 찾아오는 사람과 동업을 할지 말지 한눈에 판별하는 방법 같은 게 얼굴에 나타나 있다.

눈썹이 약한 사람은 사업은 금물이다.

눈썹은 두 눈을 돋보이게 하는 부위이며 눈을 보호하는 지붕 역할이다. 비와 바람을 막는 지붕이 있어야 아늑한 집의 구실을 하듯, 눈썹이 있음으로 인해 눈이 더욱 빛을 발할 수 있다.

눈썹은 눈 길이보다 조금 길고 눈썹머리보다 눈썹꼬리 쪽이 조금 긴 것이 표준이다. 사주 명리에서 육친(六親) 구성으로는 형제나 친척 간의 인연, 재물운과 건강운도 보여준다. 왜냐하면 해와 달에 해당하는 눈을 보호하는 구름의 역할이기 때문이다.

눈썹이 어지럽게 나서 안정감이 없는 경우 마치 구름이 여기저기 흩어진 뜬구름 형상이 되어 정신이 안정을 취하지 못하고 마음이 산만하기 그지없다. 당연히 재물도 궁할 수밖에 없다. 재물이 모였다 사라지기를 반복하니 우여곡절과 간난신고(艱難辛苦)가 따를 모양새이다.

눈썹이 어지럽게 난 경우 형제나 친구와 불화가 많다. 숱이 없거나 옅고, 전택(田宅)이라 일컫는 눈꺼풀도 약하면 외가에 신경 쓸 일이 생기거나 인연이 끊긴다. 눈썹이 끊어지면 지붕에 구멍이 나서 비가 줄줄 새는 것으로 본다. 지붕이 뚫려 비가 새면 방 안에 있는 사람이 비를 맞는 것이라 형제궁(兄弟宮)에 탈이 난 것이다. 돌봐야 할 형제나 끊임없이 도움을 청하는 지인이 있다는 소리이다. 또한 눈썹이 끊어진 것은 사회활동의 흐름이 끊기는 것과 같아서 기회를 놓치거나 사기나 손재가 생긴다.

눈썹은 인당의 넓이를 정하는 기준이다. 인당은 눈썹과 눈썹 사이이고, 관상학에서 마음자리로 본다. 인당이 좁아서 서로 닿을 정도가 되면 속마음이 좁아 세상사에 대한 이해 또한 좁다. 우리가 흔히 쓰는 미련스럽다는 말도 관상학에서는 한자를 눈썹 미(眉)에 이을 연(連)으로 써서 '눈썹이 이어져 있다'는 의미로 쓰고 있다. 인당이 좁으면 자기중심적이고, 좁은 것이 지나치면 자신을 옭아매긴 괴로움이 생긴다.

눈썹이 너무 검고 짙고 숱이 많으면 자기주장이 강해서 정치인이나 지도자에 많고, 눈썹이 흐리고 약하면 지도력과 능력이 부족해 장해가 따른다. 눈썹이 극단적으로 치우친 사람 가운데는 종교인이 많다. 눈썹의 의미로 보아 타인의 삶을 어루만지는 역할이 부여된 것이다.

그러니 사업을 하려고 마음먹었다면 상대의 얼굴 가운데 특히 눈썹을 꼼꼼히 살필 일이다. 그럼 눈썹이 약한 사람이 눈썹이 잘 생긴 사람과 동업을 하면 이득을 볼까? 돈이 되었든 재능이 되었든 도움

운명에 만약은 없다

을 받기 위해 동업을 선택하는 것인데, 결과적으로는 그나마 가진 운을 눈썹이 강한 사람에게 다 빼앗긴다. 자기 눈썹보다 더 약한 사람과 동업을 한다면 어떻게 될까? 나도 지금 모자라는데, 눈썹이 더 약한 사람이 무엇을 보태줄 수 있겠는가. 결론은 눈썹이 약한 사람은 사업의 길을 가지 않는 게 좋다는 것이다.

눈썹이 약하다는 생각이 들면 학문이나 기술, 월급 받는 직장생활을 택하는 게 더 낫다.

재무 담당자는 코, 인사담당자는 귀를 살펴야 한다.

관골은 얼굴에서 불룩 솟은 광대뼈 중심의 양 축이다. 코를 자기 자신이라 할 때, 관골은 동쪽과 서쪽의 산악 위용을 드러내는 것이라 사회활동의 주축이라 할 수 있다. 관골이 코보다 낮은 것은 코가 상의 주인이라서 코를 향해 신하가 머리를 숙이듯 조용하고 있기 때문이다. 관골이 이마보다 잘 형성되어 있으면 벼슬이 높거나 중책을 맡을 수 있다. 특히 노무현 대통령이 관골의 힘이 좋은 대표적인 분이다. 이마가 잘 형성되어 있으면 하늘에서 복을 주는 것이라 조상과 부모로부터 받은 것이고, 관골이 잘 되어 있으면 나 자신의 능력으로 무에서 유를 창출하는 것이다.

관골은 홀로 무너지지 않는다. 법령이 잘 발달되면 관골이 솟아 있고, 관골이 솟아 있으면 법령이 움푹 팰 수밖에 없다. 관골이 의지라면 법령은 의지를 받쳐주는 식록(食祿)이다. 흡사 리더와 조직원의 관계가 이러해야 한다. 관골의 힘이 좋은 리더는 정치인 쪽에 많고, 코가 준수한 리더는 기업인이 많다.

기업인이 직원을 뽑을 때도 맡은 책무에 따라 살펴야 할 상의 부위가 다르다. 재무 담당자는 돈을 불러오는 복이 있어야 하니 코가 준수한 사람을 뽑아야 한다. 코가 빈천하면 만지는 돈에 욕심을 낸다. 코로 숨을 쉬니 유통과 흐름을 원활하게 한다. 또 코만 잘 생겨도 안 되는 것이, 눈이 흐릿하면 셈이 흐리다.

인사 담당자는 귀가 훌륭한 사람이어야 한다. 귀는 앞에서 말했다시피 두 개를 가지고 얼굴의 외곽에 존재해 두루 살피는 역할이다. 자신의 권위를 내세워 자리를 차지하는 게 아니라 주로 듣고 균형을 맞추는 역할이다.

이목구비(耳目口鼻)라고 칭할 때 귀가 제일 먼저인 것은 듣기를 중요하게 여기라는 뜻도 있고, 제일 중요하다는 뜻도 있다. 귀는 성곽처럼 단단하면서도 그 이면에 부드러움을 갖추고 있다. 예지(叡智)가 충만하고 영민해 총명함을 뜻하기도 한다.

귀가 좋은 사람은 타인이 지적하거나 싫은 소리를 해도 고깝게 여기지 않고 겸허하게 받아들인다. 귀가 얼굴의 바깥쪽에서 뒷받침하듯이 자리 잡은 것은 편견의 때를 벗겨내고 객관성을 갖추라는 의미이다. 한 기업에 인재를 적재적소에 배치하는 인사 담당자는 귀가 관상에서 중요한 부분을 차지한다.

운명에 만약은 없다

사주 명리, 관상, 풍수까지
하나로 보기

사주 명리에서 굳이 풍수를 논하는 것은 현대인들의 관심사이기도 하지만 풍수는 나름대로 기원과 역사가 있고 이론과 맥이 존재하는 사용법이 있기 때문이다. 늘 내가 강조하는 것이 한 사람의 운명을 살필 때 사주와 관상, 풍수까지 연관 지어 하나로 살펴야 한다는 것이다. 이 셋은 동양철학의 기본인 음양오행에서 출발한 것으로 한 사람의 일생을 놓고 보면 풍수까지 다 다루는 것이 타당하기 때문이다.

사주는 태어난 시간이 주인공이다. 관상은 살아가는 동안 운의 흐름이 시공으로 나타나는 것이다. 그러면 풍수는 시공을 분리해서 해석하는 것이라 할 수 있다. 풍수에서 산 사람과 죽은 사람의 좋은 터는 다르게 보기 때문에 양택(陽宅)과 음택(陰宅)을 구분한다. 삶과 죽음으로 시간이 분리되고, 양택과 음택으로 공간을 분리하는 것이다.

운명은 살아있는 동안을 보는 것이므로 죽은 다음에는 알 수가 없다. 죽은 사람의 묫자리를 잘 쓴다고 해서 산 사람의 운명에 영향을 미치는 것은 아니다. 그러므로 할아버지 묘를 이장해서 내 사업이 망했다 흥했다가 아니라 내 사업의 운이 좋아질 때, 혹은 나빠질 때 할아버지 묘를 이장함으로써 그런 결과를 맞이하는 것이다. 그러니 나의 운명에서는 나의 풍수, 내가 현재 살고 있는 집이 나에게 미치는 영향을 고려해야지 부모님이나 조상의 묘지가 주는 기운이라고 생각하는 것은 잘못된 생각이다. 우리나라 역대 대통령은 모두 열세 분인데, 그 조상 묘가 전부 명당일까? 역대 세계 대통령까지 본다면 과연 풍수 명당에서 대통령이 나온 것이라 할 수 있겠는가?

그러나 운명 상담가 상당수가 한쪽 공부에 치우쳐 있다. 사주 명리 대가는 관상을 모르고, 관상 대가는 풍수를 모르고, 풍수 대가는 사주 명리를 무시하거나 놓치기 쉽다. 셋이 따로따로가 아니라 하나인데 다 따로 보고 있으니 서로 다른 소리를 하게 된다.

사주 명리학자에게 가서 물으면 올해 운의 흐름이 안 좋다 했는데, 관상가한테 가서 물으면 올해 좋다고 하고, 풍수가에게 가서 물으면 이장을 하라고 한다. 이런 불합리한 일이 자꾸 벌어지니 동양 철학이 대중들에게는 인기를 얻어도 제도권에는 진입을 못 하고 밀려나는 게 아닌가 하는 생각도 든다.

사주 관상 풍수는 하나가 되어야 운명이 존재하고 또 알 수 있는

운명에 만약은 없다

것이다.

명리 학자의 길로 이끌어 준 나의 첫 스승 운강 스님.

운강 스님 문하에 스무 살 무렵에 들어가 십여 년 동안 사주, 풍수, 육효, 주역 등 많은 가르침을 받았다. 특히 운강 스님은 풍수와 이장으로 일대에 이름이 나서서 모시는 동안 시신 수습을 많이 배웠다. 한창 배울 때는 거의 매일 상여가 나가는 꿈을 꾸곤 했다. 운강 스님을 첫 스승으로 모시고 비로소 마음이 이 길에 온전히 들어설 수 있었다.

그런데 이십 대 초반 앳된 나이에 사주 명리를 업으로 삼기에는 정신적 방황이 많을 수밖에 없었다. 지금은 많은 인식 개선이 이루어져 카운슬러 대접을 해주지만 내가 처음 공부할 때만 해도 사람들로부터 외면받기 일쑤였다. 꼭 해야 하나 싶고, 할 수만 있다면 다른 일을 하고 싶었을 나이이다. 그럼에도 태어날 때 받은 운의 명을 벗어날 수는 없었다.

훗날 운강 스님의 죽음은 내게 엄청난 고통과 운명에 대한 충격적 화두를 던졌다. 고인에 대한 예의가 아니어서 여기에서 자세하게 밝힐 수는 없지만 편히 가신 것은 아니다. 그렇게 종명의 순간을 맞을지 운강 스님도 모르셨을 것 같다. 공부를 한다고 해서 다 알 수는 없는 법이고 안다고 해도 운명으로부터 자유로운 자는 하늘 아래 없음을 실감했다.

조선 왕릉에 얽힌 재미있는 이야기가 하나 있다.

통치이념을 유교로 삼았던 조선시대에는 왕실의 장례를 치르고
왕릉을 조성하고 관리하는 일이 매우 중요하게 다뤄졌다. 역대 임
금들이 묻히는 왕릉의 조성에는 수많은 사람들의 노고와 풍수의 개
념이 탑재되어 오늘에 이른다. 왕이 사후에 묻힐 능이니 풍수지리
상 얼마나 고르고 고른 자리였겠는가.

조선 19대 왕인 숙종이 묻힌 「명릉」에 얽힌 이야기[8]이다. 숙종이
하루는 평상복을 입고 민심을 살피기 위해 궐을 벗어나 어느 냇가
를 지나가고 있었다. 그 때 냇가에서 한 젊은이가 울고 있는 것이 보
였다.

다가가 까닭을 물으니, '갈처사'라는 유명한 지관이 이곳에 무덤
을 쓰면 좋다고 해서 땅을 파는데, 아무리 파도 물이 고이니 어쩔 줄
을 모르겠다는 것이었다.

숙종은 그 지관이 장난을 쳤다고 여기고, 젊은이를 불쌍히 여겨
관청에 가서 쌀 3백 석을 받아올 수 있도록 적은 서신을 쥐어주었
다. 그러고는 갈처사가 살고 있는 허름한 오두막집을 찾아가 청년
의 일을 따져 물었다.

"오늘 아침에 저 아래 상을 당한 총각에게 냇가에 묘를 쓰라고 했

소? 지관이라면서 그런 자리를 잡아주다니 당키나 한 일이오?”

그러자 지관은 오히려 숙종에게 핀잔을 줬다.

“모르면 잠자코 계시오. 저 땅은 무덤자리로 들어가기도 전에 쌀 3백 석을 받고 들어가는 명당자리라오!”

그의 신통함에 놀란 숙종은 다시 물었다.

“그렇게 잘 알면 저 아래 마을 좋은 터에 고래 등 같은 기와집을 짓고 살 일이지 여기 산중턱 다 허물어져 가는 오두막에 산단 말이오?”

“모르면 잠자코 가던 길이나 가시오. 이래 뵈도 이 오두막이 나라님이 찾아오실 명당이란 말씀이오.”

“그게 언제요?”

“가만 있자, 내가 이 터에 집을 지을 때 받아둔 날이 있다오.”

날을 꼽아보던 갈처사는 그만 혼비백산해서 납작 엎드렸다. 그제야 자기 앞에 있는 선비가 나라님인 걸 알아챈 것이다.

갈처사의 신통함에 반한 숙종은 훗날 자신이 묻힐 묫자리를 정해 달라고 했고, 그 자리가 지금 고양시 서오릉에 있는 명릉이라고 한다.

풍수를 믿을 수도 안 믿을 수도 없는 것은 이런 사실과 연관된 설화들이 곳곳에 전해지기 때문이다. 우리나라 지형 특성상 산악이 국토의 70퍼센트를 차지하고 있고 삼면이 바다로 둘러싸여 있다

보니 풍수지리는 민간에 필요한 구복발원(求福發願)의 한 수단으로 도입되었을 것이다.

현존하는 가장 오래된 풍수지리서인 《청오경(青鳥經)》[9]에는 '우주 만물을 음양오행의 기(氣)로써 이루어진 것으로 보고 인생의 길흉화복도 바로 그 기의 운행에 따른다'고 적혀 있다.[10] 이후 문헌에서 '장사지낸다는 것은 생기(生氣)를 타는 일'이라 하였고, '만물의 생겨남은 땅 속의 것에 힘입지 않은 것이 없다.'[11]고 하였다. 이로 미루어 보아 과거에는 묘를 쓰는 일도, 이사나 집을 짓는 일도 풍수의 영향을 많이 받았음을 알 수 있다. 그리고 그 이론적 토대는 동양철학의 근본인 음양오행이 받치고 있다.

그러나 현재 주위를 둘러보면 빌라, 혹은 아파트, 오피스텔 등 집합 건물에 몰려 사는 경우가 대부분이고, 사후에는 죽은 자의 아파트라는 납골당에 모시는 경우가 많다. 과연 이런 시대에도 풍수가 필요할까.

풍수는 원래 장풍득수(藏風得水)의 줄임말이다.

장풍득수는 바람을 갈무리하고 물을 얻는 명당(明堂)을 찾는다는 의미이다. 풍수는 산 사람들의 터전인 양택(陽宅)과 죽은 후의 분묘인 음택(陰宅)으로 구분한다. 양택으로 이사에 도움을 받고, 음택으로 이장에 도움을 받는다.

먼저 이장을 대하는 산 사람들의 자세를 말하지 않을 수 없다. 이장을 잘해서 후손이 발복(發福)되면 누구라도 그렇게 할 텐데 증명할 길이 없다. 묘를 잘못 써서 후손이 고통을 받는다면 그 조상은 너무 고약한 심보가 아닌가. 당신이 부모라면 자식이 좀 서운하게 했다고 해서 자식 앞날을 방해하겠는가 이 말이다.

조상의 묘를 이장하는 것조차 시간 속에 있는 문제이다. 풍수의 효능을 인정하려면 귀신의 존재를 확신해야 한다. 현대를 살아가는 사람들 가운데 귀신의 존재에 명확하게 답할 수 있는 사람이 있을까. 풍수로 인해 길흉화복이 바뀌려면 그 묘에 누운 조상의 존재가 증명되어야 한다.

관상이나 사주 명리는 살아있는 사람을 대상으로 한다. 귀신의 존재를 명확히 증명할 수 없으니 논리로 따지자면 음택 풍수는 타당하지 않다. 풍수의 논리대로라면 조상의 묘를 이전하면 자손들이 좋은 대학에 가고, 명예와 부를 얻어야 한다.

풍수학에 후손에게 기운이 전달된다는 '친자감응(親子感應)', '동기감응(同氣感應)'이라는 개념이 있다. 조상의 시신을 묻으면 그 기(氣)가 자손에게 전해져 자손의 기(氣)와 통한다는 이론이다. 그래서 조상의 묘를 잘 쓰면 자손이 잘 된다는 주장인데, 현대 사람들이 이 이론을 받아들이기는 쉽지 않다. 아이러니한 것은 동기감응 이론에는 코웃음을 치면서 실제로 풍수는 또 솔깃해한다는 것이다.

풍수를 완전히 부정하는 것은 아니다. 실제로 조상의 묘를 좋은 자리에 잘 쓰고, 각종 차례나 제사 등으로 조상을 극진히 모시는 사람이 다 잘 풀렸는지를 생각해 봐야 한다.

조상의 묘, 제사, 차례, 이사 등 풍수에 공들인 사람도 질병이 걸리고 삶에 애환이 있다. 고통 받는 이유는 현재 '나'의 운명에 좌우되기 때문이다. 사람은 태어날 때 사주팔자가 정해지는데 여기에 오행이 음양으로 나뉘어 10개가 된다. 하지만 팔자는 여덟 글자뿐이라 많거나 부족하거나 없거나 한쪽으로 치우치게 된다. 태어날 때부터 불균형으로 인한 고통이 생기는 것이다. 그런 고통이 조상의 묫자리로 인한 것이라는 주장은 타당하지 않다.

물론 풍수가 중요하게 작용하는 경우는 있다. 음택과 양택은 나누어서 명당의 의미를 봐야 하는 것이지 섞어서 의미를 부여할 수 없다. 풍수에서는 물길을 중요하게 여기는데, 흐르는 물길을 중심으로 지세(地勢)나 지력(地力)의 맥이 나눠진다고 본다. 하물며 서로 넘나들 수 없는 두 세계, 이승과 저승이 풍수로 서로 영향을 미친다는 것은 풍수의 논리 안에서도 충돌한다.

육관도사 손석우 풍수명당이야기 《터》라는 책에 이런 이야기가 나온다.

1960년 초반 육관 손석우는 평소 가깝게 지내던 사주풀이의 일인자와 관상의 일인자 두 사람과 양수리 근처 매운탕 집에서 담소를 나누고 있었다.

운명에 만악은 없다

사주와 관상과 풍수의 고수들이 한자리에 모여 저마다 자신의 체험을 이야기하고 자신의 분야가 인간의 운명을 결정하는 가장 중요한 분야라며 주장했다. 갑론을박하여도 증명할 길이 없던 그때 웬 초라한 총각이 지나가고 있었다. 총각은 강변 다리 밑의 조그만 움막에 사는 거지였다. 일행은 그를 불러내어 관상과 사주를 봐 주기로 했다.

"우리는 사주도 보고 관상도 보는 사람인데 어디 자네 것을 한번 봐 주려고 하니 흔쾌히 허락해 주시게."

관상의 일인자가 먼저 나섰다. 얼굴만 아니라 손바닥도 이리저리 보고 발바닥까지 상이란 상은 다보아도 영락없는 거지상이었다.

"천하에 둘도 없는 불쌍한 거지로세. 태어나면서부터 거지고, 지금도 앞으로도 계속 거지 신세를 못 면할 상이라 안타깝구나."

"설마하니 앞으로도 계속 운이 나쁠까?"

사주의 일인자가 이렇게 말하며 그의 사주를 풀기 시작했다. 초년, 중년, 말년 운세를 다 보았건만 그가 내린 결론 또한 마찬가지였다. 원래 태어난 팔자와 관상까지 완벽한 거지였던 것이다.

"아버지는 제가 세상에 나오기도 전에 돌아가시고 어머니는 어렸을 때 도망을 가버렸습니다. 여기저기 친척집을 돌아다니며 크다가 거렁뱅이 생활을 하며 이런 움막에서 어렵게 지내오고 있습니다."

총각이 눈물을 쏟아내자 일행 모두 측은한 마음이 들었다.

이번엔 풍수 일인자 육관이 나섰다.

"자네가 아버지를 여의었다는데 그럼 아버지 묘는 있는가?"

"예. 있습니다."

육관은 사주와 관상의 대가들에게 다시 한 번 그 총각의 운명에 대해서 물어보았다. 두 고수의 대답은 변함이 없었다. 앞으로 도저히 좋아질 수가 없는 팔자요 상이라고 장담할 수 있다고 했다.

"그래요? 그러면 제가 어디 운명을 한번 바꾸어보리다."

이렇게 해서 그 거지 총각의 아버지 묘를 이장하게 되었다고 한다. 이후 이야기는 총각이 물에 빠진 한 처녀를 구해 결혼하고 그로 인해 가세를 펴게 되어 평생 부자로 살았다고 구구절절 전한다. 이야기 말미에는 양수리 일대에서는 제법 명망 있는 인물이요 부자인데, 본인의 명예를 위해 이름을 밝히지 않으니 이해하기 바란다는 말까지 써두었다.

이야기에 나오는 사주와 관상, 풍수의 대가들이 모두 돌아가시고 없으니 확인할 방법은 없지만, 다른 풍수 책에도 많이 나오는 이야기이다.

하지만 나는 풍문으로도 그런 이장 이야기는 들어본 적이 없다. 전국에 풍수 연구자들이 몇이나 되겠는가. 그리고 이장을 할 만한 명당이 몇 군데나 되겠는가. 내 손으로 이장한 시신만 해도 수백 구가 족히 넘는데 들어본 적이 없는 이야기이다. 사주 명리와 관상을 깎아내리면서 풍수가 중요하다고 지어낸 이야기이다. 이 이야기대로라면 이장까지 할 필요가 뭐가 있을까.

묘를 잘 써서 후손이 잘된다면 사주팔자와 관상이 좋은 사람이 조상을 잘 모셔서 후손의 마음이 편해졌기 때문이다.

풍수도 사주 명리, 관상과 아울러 접근해야 한다.

늘 사주 관상 풍수가 하나가 돼야 한다고 강조하는 중요한 이유는 셋 중 하나를 간과하면 운명을 다르게 해석하게 되기 때문이다. 사주 명리는 귀신, 천당, 극락 등의 죽음과 관계없이 태어나서 죽을 때까지만 살핀다. 자연과의 관계나 인간의 역할 등을 연구하는 것이 사주 명리학이다. 죽으면 제로(0)가 된다. 묘를 이장하는 것은 산 사람의 운인가? 죽은 사람의 운인가?

음택은 시체(屍體)가 놓일 자리를 놓고 생체(生體)의 관점으로 본다. 화장을 하든, 명당을 쓰든, 물속에 두든 실제로는 관계가 없지만, 후손의 입장에서는 그렇지 않기 때문에 명당을 찾는 것이다. 양지바르고 좋은 땅에 부모를 모시면 자식 된 도리를 다한 듯 마음이 편안해져서이다. 만약에 이장을 해서 발복이 된다면 사주 명리와 관상은 필요 없는 것이다.

풍수는 공간으로 관상과 함께 본다. 관상은 생체의 원리, 풍수는 시체의 원리다. 묘를 이장할 때 후손들은 큰 불안을 느낀다. 그래서 가족들의 사주를 다 확인하고 특별히 나쁜 운이 없는 시기에 이장하는 것을 결정한다. 그래야 살아있는 사람들이 탈이 없다고 느끼고 안심한다. 이것이 풍수를 사용하는 원리이다.

부모가 살아계실 때부터 효도하여 부모에 잘하고, 남들에게 잘하는 사람 중에 비참하게 일생을 마친 사람을 본 적이 없다. 내가 잘 되려면 남에게 잘해야 된다. 그것을 자연이 우리에게 가르친다. 누구나 다 아는 얘기지만 실천하기 어려운 것은 욕심 때문이다.

양택 풍수는 이사에 도움을 줄 수 있다.

'그쪽으로 이사하면 부부 싸움이 잦아지므로 이사하면 안 된다.' 라는 얘기는 하나마나 한 소리이다. 아파트 한 동에 몇 십 가구가 살고 있는데, 개중에는 싸우는 부부도 있기 마련이다. 사주 명리로 풀어 가족 개체간의 화목과 관계성을 파악해야지, 풍수만 똑 떼어 말하면 근본 이치에 어긋나는 일이 된다. 단순한 이사나 인테리어를 개인의 운에 접목하고자 하면 사주 명리는 마음공부가 아니라, 운명을 바꾸기 위한 방편처럼 호도된다. 사주 명리를 전혀 모르는 풍수가가 있으면 조심할 필요가 있다.

남사고 선생에 얽힌 이야기는
현실의 어리석음을 깨우치게 한다.

운명에 만약은 없다

남사고는 조선 중기에 명풍수가로 이름을 날린 인물이다. 선조 때에 천문교수(天文敎授)를 지냈다는 것 외에 뚜렷한 경력은 없지만 신통한 행적 때문에 도선국사, 무학대사와 더불어 명풍수담에서 빠지지 않고 회자된다.

남사고는 부친(혹은 모친)의 묘를 명당자리에 쓰기 위해 아홉 번이나 이장을 하였다. 산천을 돌아다니다가 드디어 '비룡상천(飛龍上天)' 형국의 명당자리를 얻어 부친의 묘를 썼다. 이장을 한 후 한창 봉분을 만들고 있는데 한 노인이 나타나 "남사고야 남사고야, 비룡상천(飛龍上天)이 웬 말이냐, 고사괘수(枯死掛樹) 아니더냐?" 하고는 사라졌다.

남사고가 깜짝 놀라 주변을 살피니, 묘 아래로 보였던 너른 바다가 실은 메밀밭이라 비룡상천 형국의 명당이 아닌 고사괘수 자리인 줄 그제야 알게 되었다. 결국 부친의 묘를 더는 옮기지 못하게 되었고, 남사고 또한 얼마 지나지 않아 죽고 말았다.

기록에 의하면 남사고는 선조의 등극과 동서 당쟁의 시작, 정여립의 난과 임진왜란도 미리 알고 있었고, 정유재란 때는 왜군이 한강을 넘지 못할 것이라고 예언하기도 하는 등 이인(異人)의 면모를 보였다고 한다. 이 이야기는 남사고가 자신의 신통력을 앞세워 명당에 대해 지나치게 욕심을 부린 나머지 실패한 것임을 분명히 전하고 있다. 인간이 하늘의 뜻을 거역하고 살면 반드시 화를 입게 된다는 풍수관행이 지향하는 바가 분명하게 드러난다.

우리 인생은 좋은 방향으로만 흐르기 어렵다.

　앞서 말한 것처럼 태어날 때부터 균형을 잃기 때문에 무탈하기만 해도 본전이라고 한다. 풍수에서 '묘를 안 쓰면 무해무득(無害無得)'이라는 말이 있는데, 태어나면 길흉화복이 생기기 때문에 '무탈하겠다. 해(害)가 없겠다.'라고 사주 명리에서 쓰는 말이기도 하다. 풍수가 없다는 말이 아니라 정확한 논리로 공부해서 효(孝)의 사상을 앞에 두고 풍수의 원리를 사용해야 한다는 것이다.

　아무리 좋은 터에 조상의 묘를 이장해도 다치고, 아프고, 사기를 당한다. 길하고 흉하기 위해서 풍수를 사용하는 것이 아님을 명심해야 한다. 망한 가게를 인수해서 잘 되는 경우도 많다. 풍수상 자리가 같은데 왜 누군가는 망하고, 누군가는 성공할까. 개인의 시간과 운에 따라 다른 결과가 오기 때문이다.

　산 사람이 사는 곳을 보는 양택은 상대적이다. 빈민 국가의 사람들은 모두 조상의 묘를 잘 못 써서 가난하고 굶주리는 사람이 많을까. 논리적이지 않다. 풍수를 한마디로 정의하면 '경제' 논리이다. 잘 사는 사람은 좋은 터에 집을 짓고 좋은 터에 조상의 묘를 쓰고, 가난한 사람은 그러지 못 한다. 묘를 안 쓰고 풍수를 따지지 않는 나라에서도 대통령, 총리, 장관, 대기업 회장은 있다.

　풍수는 성형과 마찬가지로 자기 위로와 안심, 자신감을 주는 요소일 뿐이다.

　　　　　　　　　운명에 만약은 없다

방산선생의 틈새 명리
오행과 방위, 그리고 컬러

오행 목화토금수가 자신에게 의미가 있음을 이해하셨지요? 오행에는
컬러와 방위도 있습니다.

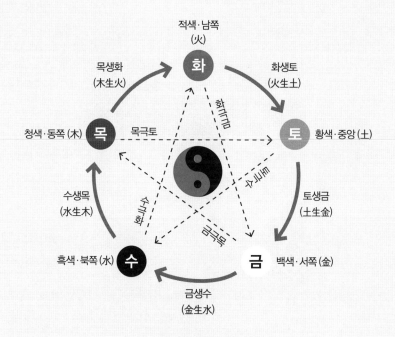

· **오행의 상생상극 구조** ·

Chapter 5

명리의 사고방식으로
세상과 마주하기

부부

내 눈에 든 들보는 안 보이고
남의 눈에 든 티끌만 탓한다

이제 '운명 결정론'을 조금이나마 이해했을 것이다. 구체적으로 언제 어디에 무엇이 있는지는 몰라도 자기 인생에는 분명 태어날 때부터 준비된 것이 있다. 그것을 찾기 위한 노력을 해야 한다는 것만 알아도 큰 수확이다.

정해진 운명을 알면 원망하는 마음이 안 생긴다.

고통은 어떤 것을 거머쥘 수 있다는 욕심 때문에 생긴다. 자신의 정해진 몫이 아닌 걸 탐내는 마음이 스스로 고통스럽게 한다.

"배우자가 바람피우는 것도 내 운명입니까?"

배우자의 외도는 배우자의 운명이지만 그 배우자를 선택한 것은 본인의 운명이다.

"왜 결혼했어요?"

운명에 만약은 없다

"처음 만났을 때 운명인 줄 알았거든요. 놓치면 안 될 거 같아 제가 적극적으로 대시했어요."

"그때는 운명이었는데 지금은 운명이 아닙니까?"

"운명인 줄 알았는데 오히려 악연이 아니고서야 이렇게 제 속을 썩일 수가 있어요? 제가 이 사람과 끝까지 살아야 해요?"

그녀의 말 속에 답이 있다. 악연도 운명이다. 여성의 사주에서 배우자 자리에 이성을 나타내는 관(官)이 없거나, 관이 겁재(劫財)와 합(合)하면 남편을 빼앗기는 경우가 있다. 이러한 이치를 알면 원망이 줄어든다. 왜 그런 행동을 하는지 이해하면 지혜로 마음을 다스리게 되는 것이다.

부부의 연을 맺는 데 있어 음양의 이치보다 강한 작용이 없다. 관이 없는 여성이 결혼하기 위해 얼마나 큰 용기를 내었겠나. 운명으로 믿고 결혼까지 결심한 그 마음을 왜 잊어버렸는가.

인연을 맺음에 음양은 서로의 채움으로 소멸된다.

궁합을 안 보고 결혼해도 헤어질 확률 반, 궁합을 보고 결혼해도 헤어질 확률이 반이다. 운명에서는 헤어질 사람은 헤어지도록 설계되었다는 뜻이다. 좋은 사람과 나와 잘 맞는 사람과는 전혀 다른 의미이다. 또한 내게 좋은 사람임에는 분명하지만 내 인연이 아닌 사람도 있다.

사회적으로 인정받고 훌륭한 인격이라고 소문이 자자해도 본인 가족에게는 괴팍하게 구는 사람이 있다. 그 사람은 이중인격자인가? 겉과 속이 다른 사람인가?

저 사람은 다 좋은데 툭하면 소리를 질러, 저 사람은 다 좋은데 자기 실수를 인정 안 해, 저 사람은 다 좋은데 돈을 너무 아껴 등등 부부가 느끼는 단점은 다른 관계보다 상대적으로 더 크게 다가온다. 이런 기분에 대한 서로의 이해가 없으면 점점 갈등의 골이 깊어질 수밖에 없다.

사주 명리의 오행과 육친은 상대방이 가진 본질적 기운을 의미한다. 왜 남편이 돈에 그렇게 인색한지, 왜 아내는 그토록 잔소리가 끊

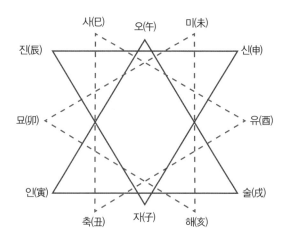

· 삼합 띠 궁합 ·
(실선과 점선은 삼합으로 좋은 궁합이다.)

이지 않는지 알고 나면 잔소리도 흘려듣는 여유가 생기고, 아끼는 데에도 보람을 느낄 수 있다.

양은 발산하고 달아나는 성질이나, 수렴하고 가두는 음의 성질이 붙든다. 음이 양을 붙들지 못하면 이별이 온다. 양이 음을 보호하지 못하면, 음도 양을 붙들지 않는다. 양이 변하면 음도 변한다. 음이 머물면 양도 멈춘다. 합일한 음양이 분리되면 인연이 깨진다. 기쁘게 만났으나 결과는 원수가 되기도 한다. 이것이 음양의 인연 법칙인데 모든 대상이 그러하다. 이러한 이치를 알면 헤어질지 말지를 묻지 않아도 스스로 터득하게 된다.

인(因)과 연(緣)의 두 글자를 합하면 동양학에서 말하는 시간이 된다. 인연은 만나고 헤어지니 시간의 흐름 속에 있다.

언제 만나고, 언제 헤어지는지가 바로 운명이다.

인을 명(命), 연을 운(運)이라고 한다. 둘을 합하면 운명이 되기 때문에 만남과 이별이 있다. 인연은 부모에서 시작된다. 부모가 있기 위해서는 그 윗세대부터 이어져 내려와야 한다. 우주의 기운이 아니고서야 어떻게 하필 이런 인연을 만들어 냈을까.

가족을 상담하러 온 부인이 있었다. 먼저 자신을 보고 차례로 남편과 아들 둘을 같이 상담했다. 부인의 사주를 아무리 살펴도 부부해로가 보이지 않았다. 그럼에도 잘 살고 있는지 물었다.

"사실은 이혼하고 재혼한 남편이에요. 이혼할 때 아이도 데려가라고 했어요. 성도 지금 남편 성으로 바꾼 거예요."

전남편의 성에서 재혼한 남편의 성으로 자녀의 성을 바꾸려면 전남편의 동의가 필요하다고 한다. 두말할 필요도 없다. 이혼해서 타인의 자녀가 된다 해도 본질적으로는 자신의 육친이기 때문이다.

우리가 아는 성(姓)은 글자의 성이고, 성씨(姓氏)는 혈연으로 태어날 때부터 묶인 인연의 끈이다. 그러니 부모의 재혼이나 혼외자이거나, 바뀐 성으로 살아간다고 해도 본질적으로 타고난 성씨는 바뀌지 않는다. 바뀌는 성조차도 운명 안에 있다. 성에는 길흉이 없다.

사주에서 체와 용이 있다고 했는데, 용이 변화무쌍한 이유는 인연이 그만큼 다양하기 때문이다. 인연은 단순하게 인간관계만 의미하지 않는다. 반려동물, 먹는 것, 직업, 지역사회 등 사람을 포함한 물질의 삼라만상이 전부 인연법으로 들어온다.

운명이 생길 때 결정된 것들이 시간이 다가오면서 공간과 하나가 될 때 만나게 되는 것이다. 다시 말해 만들어져 있는 것이 시간이 흐르면서 변하여 시간에 따른 공간이 생길 때 만나게 된다. 이를 모르면 '우연'이라 하고, 운명을 알면 '필연'이라고 한다. 필연적으로 그렇게 설계되어 있는데 우리가 이를 모르니 우연이라고 여길 뿐이다. 우연을 가장해서 필연이 나타난다.

여기서 시간을 빼면 헷갈리게 된다. 삼라만상이 우주의 시간 속에 있음을 알아챌 때 우연인지 필연인지 정확하게 이해하게 될 것

운명에 만약은 없다

이다.

인연의 만남은 시간이기 때문에 자연에 생과 사가 있듯이 반드시 이별과 함께 온다. 살아 있는 중에는 헤어지지 않더라도 죽음이 있기 때문에 반드시 이별하게 된다.

때가 되면 천지가 힘을 모아주지만 때가 아니면 스스로 할 수 있는 일이 없다. 우리는 분수를 모르는 자를 푼수라고 비웃는다. 운명결정론이 개개인에게 주는 가장 큰 가치는 자기 분수에 맞는 삶을 인도하는 데 있다.

사주를 근거로 해서 운명을 해석하는 사주 명리학의 궁극적 의의는 길흉화복의 미래예측에 있는 것이 아니다. 성형이나 이사 등으로 나쁜 것을 피하고 길한 것을 취할 수 있었으면 명리를 공부하는 사람부터 부적을 쓰고, 성형을 하고, 묘를 이장해서 길흉화복을 선택해 엄청난 부자가 되었을 것이다. 그런 방법을 사주 명리학자가 모를 리가 없다. 하지만 누구나 자기의 타고난 운명을 벗어날 수 없기 때문에 명리를 공부하는 사람도 자기 운명을 벗어날 수 없다.

그럼에도 오랜 시간 사주 명리를 내치지 않고 품어 온 것은 일면 사주 명리학이 이끄는 운명의 지도가 맞는 것을 확인했기 때문일 것이다. 이제는 고법 명리도, 없는 부(富)를 찾아 헤매는 명리도 아닌, 생활 속에 필요한 지침으로 자리 잡아 가는 중이라는 것은 명확한 사실이다.

명리 공부는 수행과 같다.

자신 안에서 용솟음치는 욕망을 제어하는 건 마음뿐이다. 불교에서도 끊임없이 마음 다스리는 법을 강조하는 것은 그것만이 자기 운명에 순응하는 길이기 때문이다. 마음을 공부하고 다스리는 이치와 방법이 명리에 있으므로 운명을 안다 해도 겁먹거나 흥분할 까닭이 없다.

동시에 부모 원망, 시대 원망, 환경 원망 등등 남을 원망하고 탓하는 마음을 가지지 않아야 한다. 왜냐하면 뿌리가 '나'이기 때문이다. 길흉화복(吉凶禍福)을 보면 길과 흉이, 화와 복이 같이 있다. 귀천(貴賤)도 마찬가지다. 다 한 뿌리에서 나왔기 때문에 현재 길하다 해도 뒷면에는 흉이 있다. 밤이 있고 낮이 있는 것과 같은 이치다. 운명을 알면 궁극적으로는 자신을 깨닫기에 이른다.

운명에 만약은 없다

속궁합 겉궁합

사주 여덟 글자에서 시지(時支)는 자식을 살피는 자리라고 했습니다. 왜 그럴까요? 근묘화실의 원리에서 결실을 의미하기 때문이지요. 월지의 천기가 시지와 조후로 연결되어 부부의 내밀한 속사정이 곧 자손으로 이어집니다.

보통 궁합에는 속궁합과 겉궁합이 있다고 말을 합니다. 속궁합은 남녀 합궁 친밀도를 뜻한다고 하지만 아닙니다. 남녀 합궁은 체질과 체질이 교합이 잘 되는 것을 의미하므로 겉궁합에 더 타당하지요.

성관계를 즐거워하는 사람들은 사실 궁합이 필요 없어요. 어떠한 상대와도 합궁이 잘 맞고, 정숙하거나 예민한 사람은 애정, 환경 등의 조건이 맞아야 임하게 됩니다. 이것은 마음의 작용이지 합궁 능력의 문제가 아니랍니다. 마음과 관계없이 합궁이 잘된다면 체질이 맞는 것이니 겉궁합이라고 하는 편이 훨씬 타당하지요.

합궁이 잘 되면 겉궁합이 좋은 것이고, 속궁합이 잘 맞는 것은 뜻이 잘 맞는 관계를 의미합니다. 속궁합은 무형의 마음과 인격, 내적인 관계를 보기 때문에 속궁합을 잘 맞추어야 부족하고 모자란 부분을 보충해 줄 수 있습니다. 진정한 의미의 속궁합은 남녀 교합이 아닌 부부의 마음을 맞추는 일임을 알아야 합니다. 마음이 열리면 몸도 열리고, 그 결실인 자녀도 인연법으로 오게 됩니다.

숙명적으로 명(命) 안에 정해져 있는 것은 '전생 인연'이라 합니다. 그리고 명 안에는 없으나 운에서 운명적으로 만나게 되는 '후천 인연'도 있습니다. 운 또한 명과 같이 타고날 때 결정되지만 시간의 흐름에 따라 변수가 작용하기도 합니다. 사주 명조에서 ○○띠를 만나는데, 어느 대운(운, 시기)에 결혼하느냐에 따라 다른 띠를 만나게 되면 후천으로 만나게 된 인연인 거지요. 명조에 없는 인연도 운의 흐름에 따라 만나게 될 수 있다는 것입니다. 정해진 운명이라는 것은 자신의 운의 행로가 정해져 있다는 의미입니다. 후천으로 만난 인연이라 할지라도 사실은 큰 흐름 속에 존재하는 것입니다.

궁합이라는 용어에 집착할 필요가 없어요. 보다 중요한 것은 사주 명리상 일주에 나와 배우자가 같이 있고, 그 배우자를 찾는 것이니까요.

　　　　　　　　　운명에 만약은 없다

자녀교육
부모 자식 간에는 그런 게 있다

"지금은 어디에서 지냅니까?"

"아직 단기 쉼터에 있어요."

열일곱 살 된 사춘기 딸과 사이가 나빠질 대로 나빠진 엄마가 찾아왔다. 상담 내내 눈물을 쏟으면서 내 속으로 낳은 자식이 분명한데 왜 이런지 모르겠다고 하소연을 한다.

딸이 엄마를 가정폭력으로 신고한 다음 집에서 나가 단기 쉼터에 머물고 있는 상황이었다. 그날도 큰 사건이 벌어져 경찰까지 출동한 것은 아니었다. 하루 종일 누워서 게임만 하고 침대 밖으로 나오지 않기에 나와서 밥 먹으라고 불러냈다고 한다.

"싫어. 그냥 누워 있을래."

"그러지 말고 나와서 엄마랑 이야기 좀 해."

"무슨 이야기. 엄마는 뭐가 알고 싶은데?"

"네가 뭐가 문제인지, 왜 종일 누워만 있는지. 무슨 문제가 있는 건 아닌지, 방은 또 왜 이렇게 더러워. 방도 좀 치우고, 움직여 봐. 정말 죽고 싶어서 그래?"

딸은 입버릇처럼 죽고 싶다는 말을 달고 살았다고 한다. 중학교 때는 그렇지 않았는데 고등학교에 가더니 매일이 싸움의 연속이었다. 아침마다 깨워서 학교에 보내는 것도 힘들었지만 이틀에 한 번 꼴로 조퇴를 하겠다고 전화를 해왔다. 혹시 교우관계에 문제가 생겼나, 학교에 적응을 못하나 싶어 담임교사와도 여러 번 통화했지만 학교에 있는 동안은 여느 학생들과 다르지 않게 지낸다고 했다.

"어. 나 죽고 싶어."

"그게 그렇게 소원이야? 그래 소원이면 오늘 엄마랑 같이 죽자."

엄마는 조그마한 커터 칼을 들고 와서 방에다 집어 던지면서 같이 죽자고 소리를 질렀다. 협박이라도 하면 정신을 차릴까 싶어서였다.

"살려주세요! 잘못했어요. 제발 살려주세요. 안 죽고 싶어요."

딸아이는 갑자기 발작하듯이 소리 지르면서 아래층에 사는 자기 이모네 집으로 뛰어 들어갔다. 저녁을 차리던 이모는 놀라서 무슨 일이냐고 물었더니 엄마가 자기에게 커터 칼을 들고 와서 죽으라고 했다고 눈물 콧물 다 짜내며 매달렸다고 한다.

이게 다 무슨 일인가 싶은 이모가 알아보려고 위층으로 올라간 사이 아이는 그대로 사라지고 말았다. 온 가족이 아이를 찾으러 나가려고 계단을 내려오는데 경찰이 왔다. 아이가 살려달라고 소리치

운명에 만약은 없다

는 걸 듣고 이웃의 누군가가 신고를 했단다. 한 번 신고를 받으면 일단 출동해서 아이 안전을 확인해야 한다며 경찰이 집으로 찾아온 것이다.

자초지종을 설명하며 아이를 찾는 게 급하니 그것부터 도와달라고 했다. 아이를 찾으려면 실종신고부터 하라고 해 실종신고를 하고 위치추적을 하니 근처 아파트에서 신호가 잡혔다. 짐작 가는 친구가 있어서 친구에게 전화를 했더니 그 집에 있다고 했다. 하룻밤 친구 집에서 자고 다음 날 같이 학교에 등교를 했는데, 학교에서 집으로 돌아가기 싫고, 집에 가면 엄마가 또 죽일 것 같다고 했다는 것이다. 엄마는 마치 죄인처럼 경찰서에 가서 면담을 하고 결국 분리 조치가 되었다는 것이다.

기가 찰 노릇이다. 엄마가 커터 칼을 들고 나온 것도 기가 차고, 아이가 엄마를 신고하는 것도 있을 법한 일은 아니다.

"학교에서 무슨 반장이나 이런 거 하나요?"

"중학교 때는 전교 부회장까지 했어요. 무슨 일인지 모르게 고등학교 가서 그렇게 변하더라고요."

이 아이의 일간 사주는 신금(辛金)이었다.

신금한 사주는 모든 일을 자기 앞으로 돌리는 경향이 있다.

책임으로 돌린다기 보다 어떤 일이든 맨 앞에 서지 않으면 의미가 없다고 생각한다. 흔히 보석 같은 성정이라고 말하는데, 이렇게 말하는 것은 자신의 빛남을 다른 이들이 알아주기를 원한다는 뜻이다. 먼저 치고 나가지는 않지만 누군가 부추기면 못 이기는 척 나서는 것을 즐기는 면이 있다.

집안에 보면 꼭 맏이가 아니어도 맏이 노릇을 하는 이가 있다. 그냥 혼자 나서서 하는 게 아니라 누가 부추기면 신이 나서 앞장선다. 처음부터 나서는 게 아니라서 옆에서 부추기는 요인이 없으면 잠잠하다.

"네가 잘하니까 맡기지, 이 일을 네가 아니면 누가 해."

이런 말을 한 마디 들으면 집안의 대소사를 본인이 다 챙겨야 한다고 생각한다. 부모가 아프면 병원에 모시고 다니고, 형제들이 모여야 할 일 있으면 알아서 식당 예약 다하고, 친척이 종명하면 부고를 알아서 자기가 다 돌린다. 하지만 본인이 생각한 대로 되지 않거나, 누가 반대하면 그 보석은 바로 칼로 변한다. 일간 신금은 누구를 만나는가에 따라 보석이 될 수도 있고, 사람을 상하게 하는 무기가 될 수도 있다.

"아이가 학교에서는 무척 인정받고 싶어 할 거예요. 중학교 때 문제가 없었던 것은 전교 부회장을 했기 때문입니다. 고등학교에 가서 갑자기 사춘기가 와서 부모 속을 썩이는 게 아니라 중학교 때처럼 주목을 못 받고 있을 가능성이 커요. 꾸미는 데 관심이 많고, 대화할 때 다른 사람 말을 자르고 자기 말을 더 많이 하려고 하죠?"

사춘기에 들어서면 아이들이 돌변한다는 소리를 많이 한다.

돌변하는 게 아니고, 한 사람의 본질이 시간이 흐름에 따라 운을 맞아 뚫고 나오는 것이다. 사춘기 이전까지는 부모가 자기 가치관 아래 일체화시키고 있기 때문에 자녀의 본질을 제대로 파악하지 못한다.

이 상담자는 안타깝게 엄마의 사주 육친에 편인(偏印)이 들어 있었다. '편인은 식신을 도식(到食)'한다고 보는데, 도식은 밥그릇을 엎는다는 의미로 쓰인다. 여성 사주에서 식신은 자녀를 뜻하는데, 편인이 식신을 도식하면 안정적인 생활을 방해한다. 엄마의 육친에 정인(正印)이 있었으면 아이의 신금이 빛날 수 있도록 닦아주고, 서로 보듬고 의지하며 위기를 잘 넘길 수도 있을 터였다. 이 모녀는 그렇지 못한 경우이다. 신금이 편인과 부모 자식으로 만났으니 감정적 부딪힘이 행동으로 나타날 수밖에 없다.

"자녀가 학교에서 어떤 자리를 못 맡으면 동아리 활동이나 친구 모임에서라도 주도할 수 있게 신경을 써 주면 무탈하게 넘길 수 있습니다. 억지로 엄마 말을 듣게 하려고 애 쓰지 마세요. 자칫하다가는 아이가 엄마를 친엄마처럼 귀히 안 여기고 계모처럼 마음의 날을 세울 수도 있어요."

엄마는 어느새 눈물을 닦고 고개를 끄덕이며 자리에서 일어났다. 부모 자식의 운명은 전생의 성적표라고 했던가. 우리 사회가 모성을 강요하는 것은 도식 관계가 되어도 그나마 어머니의 사랑으로 서로 해하지 않고 보완하면서 살라는 우주의 뜻이 아닌가 싶다.

종종 둘째나 셋째로 태어난 사람은
첫째에 비해 사랑을 덜 받았다고 생각한다.

자기 가정을 꾸린 중년이 되도록 부모 탓을 하는 것은 고생을 덜한 것일까, 아니면 너무 고생해서 원망할 대상이 필요한 것일까. 부모는 사랑을 똑같이 줬다고 생각하고, 사랑을 받는 자식은 자기 느낌으로 덜 받았다고 느낀다. 부모가 주는 것보다 더 많은 것을 원하는 자기 사주의 운명이 그렇게 느끼게 만드는 것이다.

부모도 하나의 개체라서 인성(人性)을 버릴 수가 없다. 부모 자식으로 만났어도 개체와 개체의 관점으로 보면 서로 극하거나 생하는 관계가 된다. 똑같은 행동을 해도 이 아이가 하면 그러려니 하는데, 저 아이가 하면 밉상으로 여겨진다. 그러면 아이는 "형한테는 안 그러면서 나한테만 왜 자꾸 그래."라는 볼멘소리가 나오게 된다.

시절이 이렇다 보니 원치 않았던 자식을 낳기도 한다. 이것도 무책임한 행동에 따른 결과이니 부모 또한 자신의 운명을 알아야 한다. 자식과의 타고난 인연이 어떠한지, 자식과 좋은 인연이 될 수 있는 시기인지, 불길한 운에 자녀를 가졌는지에 따라 자녀와의 관계가 달라질 수 있기 때문에 부모 스스로 자신의 운명을 알 필요가 있

운명에 만약은 없다

는 것이다.

보통 학교나 기관에서 자녀 갈등이나 양육에 관한 상담은 문제행동이 드러난 후에 사후 처치하는 방법이라 예방보다는 치료가 시급한 면이 있다. 사주 명리학은 이와 반대로 기질이나 성향을 미리 알고 그에 맞게 받아들이고 조심하며 적합한 방법을 찾도록 한다.

사주를 통해 아이가 태어나는 순간 결정되는 천성과 적성을 명리로 알면 조금이나마 현명한 판단을 하는 데 도움을 받을 수 있다. 자식의 운명을 알고, 자녀에게 본인이 어떤 부모인지 알 수 있으니 더욱 책임감 있게 행동하고, 문제가 생기기 전에 예방해 양육을 하는 데에 도움이 되는 것이다.

진로
공부 잘한다고 돈 잘 버는 것은 아니다

마흔이 넘으면 부모의 그늘을 벗어나도 한참 벗어났을 나이이다. 예전에 비해 수명이 길어지고, 그에 따라 부모의 그늘이 훨씬 길어졌으니 백 번 양보해서 마흔까지는 그럴 수 있다 치자. 부모든 자식이든 상담실에 와서 묻는 내용을 보면 정신 차리라고 말해주고 싶은 사람들이 한둘이 아니다. 마흔이 넘으면 부모의 조력은 잊어야 한다. 부모도 마흔이 넘은 자식은 독립을 시켜야 한다. 자식의 독립은 자식이 아닌 부모가 손을 놓아야 가능하다.

부모는 어쩌면 그것을 알아버렸기에 자식 공부에 그렇게 매달리는지도 모른다. 본인이 줄 수 있는 것 이상은 스스로 채우라는 의미로 매일 담금질하고, 갈등을 일으키고 있는 것이다.

하지만 공부만 잘한다고 해서 다 성공한 인생인가. 명문대를 나와서도 직장에 오래 못 다니고 매번 직장을 바꾸는 경우가 허다하다. 재색을 겸비했으나 부부 인연을 맺지 못하고, 만나는 사람마다

운명에 만약은 없다

유부남을 만나는 여성도 많다.

강남 대치동에 가면 초등 의대반이라는 게 있다고 한다. 내담자가 알려준 것인데, 초등학생 때부터 미적분을 배우고 의대에 가기 위해 준비를 하는 학원이라고 한다. 이 학원에 들어가려고 시험도 본단다.

"시부모님도 다 교수이시고, 시누이들도 다 의대 나왔어요. 저는 음대 나왔는데, 손주가 저 닮아서 예체능으로 빠질까 봐 시부모님 걱정이 많으셨어요. 그런데 우리 애가 자꾸 미술학원에 보내달라고 하네요. 너 때문에 우리 손주 의대 못 갔다는 소리 들을까 봐 스트레스가 너무 많아요."

"이 아이 친구 많지요? 애는 공부 안 합니다."

"그럼 어떡해요?"

"나쁜 친구들과 안 어울리면 다행으로 여기고, 대학에 들어가기만 하면 재수도 시키지 말고 그냥 보내세요. 20세까지는 운이 안 바뀝니다. 계속 놀 겁니다. 25세부터 운이 바뀌는데 그때는 말려도 자기가 공부 더하려고 할 겁니다. 늦게 다시 시험 봐서 의대 갈 수도 있지요. 아니면 좋은 대학에 편입을 할 수도 있습니다. 아무튼 지금은 아무리 공부시키려고 해도 안 할 겁니다."

"미대 입시는 시댁에 정말 낯부끄러운 일이에요. 제가 정말 멱살 잡고 공부시켜서 자사고 보냈거든요. 이제 와서 갑자기 미대라니요."

"의사 좋긴 하지요. 그런데 의사 하면 몇 살까지 하나요. 60, 아니 70세까지 한다고 칩시다. 그다음에는요? 그다음에는 그동안 번 돈으로 넉넉한 은퇴생활을 누리겠지요. 적당히 존경 받으면서 의사였다는 자부심을 가지고 노후생활을 누릴 겁니다. 그런데 미대 나오면 그렇게 못 사나요? 자녀분은 토가 많아요. 그만큼 다양한 재능이 있다는 뜻이에요. 직업이 두 개 세 개 될 수도 있어요. 미대 나온 사람이 다 성공하지는 않지만 의대 나온 사람도 다 성공하지는 않아요. 다 본인 운이 있고 명을 받아야 의사도 되고 미대도 가는 겁니다."

활인업도 이제는 자영업의 시대가 되었다.

듣기 좋으라고 한 소리가 아니다. 의사도 망하려면 망한다. 최신 의료 시설을 들여놓고 크게 의원을 열었는데, 손님이 안 오면 망하는 것이다. 옆에 나란히 있는 다른 의원에는 환자가 많은데 자기 의원에는 환자가 없어서 매달 내는 임대료 걱정하는 의사도 있다. 대학병원이나 종합병원에서 근무 안 하고 나와서 개원하면 그때부터는 다 자영업이다. 학문보다는 상업이 더 각광받는 시대이다.

반면, 학교 다닐 때는 때려죽인대도 공부 안 하고 놀던 자녀가 자기 놀던 거, 먹는 거, 여행 다니는 거 유튜브에 올려서 한 달에 몇 천만 원씩 버는 경우도 많다.

지금 시대는 물질만능 시대라서 공부가 다가 아니라는 소리이다.

운명에 만약은 없다

공부까지 잘 하면 금상첨화겠으나 공부머리는 사주에 수(水)가 들어있어야 한다. 총명한 사주에는 수와 화가 같이 들어있고 이것이 결과로 드러나기 위해서는 목도 필요하다. 공부머리가 있는 것, 총명한 것, 좋은 대학을 가는 것 등은 다른 운명적 요소가 있어야 한다.

"그 정성으로 공부를 했으면 서울대를 갔겠네."

뭔가 열심히 할 때 부모가 흔히 하는 말이다. 그 정성을 기울이는 대상이 공부가 아닌 다른 것이기 때문에 그런 정성이 나온다는 생각을 왜 못 하는가. 열심히 하는 운명적 요소도 사람마다 다르게 존재한다. 그래서 노력도 자기 운명 안에서 타고난다고 말하는 것이다.

유튜브에 영상 올린다고 해서 누구나 돈을 버는 것은 아니다. 버는 사람도 있고 못 버는 사람도 있다. 자기가 잘 먹고 노는 것을 올려서 돈을 쉽게 번다고 생각하지만 이것도 엄연한 하나의 기업, 혹은 자영업이다. 게으른 사람이 유튜브나 인터넷 마케팅으로 성공하는 것은 공부로 성공하기보다 100배나 더 어려운 일이다.

사주 여덟 글자, 팔자(八字)에는 '나'라는 사람의 인생 사용법이 담겨 있다. 신체적 특징이나 건강, 인간관계를 맺는 마음자리, 공부머리와 손재주, 말솜씨와 실천력 등 사는 동안 필요한 정보가 수두룩 빽빽하게 들어차 있다. 자신에게 필요한 좋은 인연을 맺고, 자신이 잘하는 것으로 돈 버는 방법까지도 사주팔자라는 정해진 운명이 말해준다. 운명을 알면 진로를 좀 더 구체적이고 현명하게 선택할 수 있다.

친구나 동료
싸우는 사람하고만 싸우게 되는 이유

살면서 제일 언짢은 것이 사소한 일로 싸우게 될 때이다. 곰곰이 생각해 보면 아무 일도 아닌데, 그것보다 큰일도 더 많이 겪는데 그깟 일로 왜 언성을 높였을까 싶을 때가 있다. 스스로 치사한 사람이 된 것 같고, 너그럽지 못한 밴댕이 취급당한 것 같아 기분이 안 좋아진다.

　가족 간에도 충돌하는 사이가 있고, 직장에서도 동료나 상사와 껄끄러운 관계가 있다. 이상하게 싸우는 사람하고만 싸우게 된다.

　친구들과 여행을 가게 된 H는 모처럼 마음이 들떴다. 어디로 가야 할지 장소를 정하고 어떻게 일정을 채울지 고민하느라 몇날며칠을 인터넷을 헤매며 정보를 수집했다. 마침내 장소와 일정을 정한 H는 친구들 단톡 방에 올리면서 내심 수고했다고 말해줄 것을 기대했다. 그리고 친구들은 기대에 부응하듯이 수고했다고 다들 인사를 올렸다. 자신이 역할을 했다는 뿌듯함이 밀려올 즈음 P가 이런 말을 했다.

"그거 좀 더 생각해 보고 결정하는 거 맞지? 거기는 내가 지난번에 가봤는데 영 음식이 그렇더라."

H는 황당한 기분이 들었지만 다른 친구들도 있고 하니 꾹 눌러 참고 다시 물었다.

"그럼 어디로 갈까?"

"글쎄. 더 찾아볼래?"

속으로 '이것 봐라' 싶은 마음이 들었다. 올린 장소와 일정이 마음에 들지 않으면 자신이 찾든가, 아니면 자신이 찾아본다고 말하든가, 이도 저도 아닌 애매한 말로 자신에게 시키는 기분이 들어서 대답도 하기 싫었다.

H가 신이 나서 장소와 일정을 잡은 것은 자신이 아니면 누가 하랴 싶어서였다. 친구들을 위해서 스스로 한 일이지, 회사 일 하듯이 1안 2안 3안 들고 가서 결재 받는 기분을 느끼고 싶은 것은 아니었다. 그런데 P의 말이 마치 상사가 부하 직원에게 말하는 것처럼 들려서 언짢기가 이루 말할 수 없었다.

한편 P는 늘 먼저 나서서 H가 정하는 게 못마땅했다. 친구들이 말을 안 해서 그렇지 뭐가 하려면 독단적으로 자신이 정하고 친구들에게 동의를 구하는 것에 불만이 있는 줄 H만 모른다. P는 H가 마치 친구들을 이끄는 골목대장처럼 행동하는 것 같아 '지가 뭔데?'

하는 생각이 든다.

한참 단독 방에 침묵이 흐르고 뒤늦게 이상한 낌새를 챈 친구들이 장소와 일정에 대해 의견을 내기 시작했다. 대세는 H가 정한 대로 하자는 쪽으로 기울었다. 이번에도 H의 제안대로 친구들은 여행을 가기로 했다.

H와 P의 2차전은 여행지에서 벌어졌다. 술이 한 잔씩 들어가니 서로 불편한 점에 대해 이야기하면서 소리를 지르고 자리를 박차고 나가기를 반복했다. 제일 피해를 본 것은 함께 여행 간 친구들이었다. 평소에 잘 지내다가도 갑자기 틀어지는 일이 한두 번이 아니었다. 분란의 원인은 두 사람인데, 그러면서 서로 안 본다는 소리는 절대 안 한다. 친구들도 이제는 그러려니 한다.

사주 명리에서는 부부가 충돌하는 원인과 친구가 충돌하는 원인을 서로 다르게 파악한다. 부부는 일간에서 서로 한몸으로 보기 때문에 천간과 지지의 합이 좋지 않을 때 갈등이 자주 발생하고, 친구는 육친으로 겁재가 있을 때 갈등 관계가 된다. 겁재는 강렬한 개성이 있고 추진력과 투기심이 있다. 위에 H와 P는 둘 다 겁재가 있다.

같은 계절, 같은 일간에 태어난 사람들이 사회에서 만나면 서로 한눈에 호감을 느끼고 잘 통한다고 받아들인다. 같은 계절과 같은 일간을 지닌 사람들은 조후의 영향을 비슷하게 받기 때문에 느낌이나 직관이 비슷하게 작동한다. 말을 안 해도 통하는 사이가 된다.

운명에 만약은 없다

하지만 이렇게 좋기만 한 것은 아니다. 비슷하다는 것은 욕망도 비슷하다는 뜻이다. 흔히 말해 비슷한 기질의 사람들이 만나면 싸우기도 잘 싸우는 것이 이런 데서 기인한다. 너무 잘 맞아서 친구에서 연인으로 발전하고 그러다 결혼하게 되는 사람들도 있다. 결혼까지 이르면 그때부터 지옥이다. 눈만 뜨면 아웅다웅하는 사이가 되기 십상이다. 부부와 친구는 서로 다른 조후의 조화가 이뤄져야 갈등을 잠재울 수 있기 때문이다.

그러면 친구는 어떻게 사귀어야 할까. 친구라 함은 어릴 때부터 학교나 동네에서 같이 자라온 사이여서 사주 명리를 보고 사귀는 것도 아니다. 사회에서 만나는 친구도 나와 갈등 관계인지 서로 돕는 관계인지 미리 알고 사귈 수 있는 것도 아니다.

관상에서도 심상이 제일이라 했듯이
중요한 것은 마음이다.

마음에 해법이 있다. 묘하게 경쟁심이 발동하거나 유독 한 사람과의 관계가 어렵고 갈등이 있다면 마음속에 경쟁심이나 승부욕, 질투 같은 것이 있는지 자신을 들여다보아야 한다. 분명 겁재가 있는 사람이다.

육친은 용(用)이라 해서 어떻게 활용하는지에 따라 크고 작은 변수가 된다. 내가 경쟁하지 않고 포용하는 마음을 갖고 있으면 사소

한 싸움 정도는 피할 수 있다는 뜻이다. 어쩌면 내가 싸움을 걸고 있는 것은 아닌지 한 번 더 생각해 보고 친구를 대해야 한다.

만복의 근원은 인복(人福)에 있다. 내 주위에 누가 있는가에 따라서 결핍이 결핍인지도 모르고 넘길 수 있고, 천우신조(天佑神助)의 기회를 얻기도 한다. 파도가 세게 밀려올 때 크고 넓은 배를 타고 있으면 위기를 넘길 수 있는 것처럼 주변에 복이 많은 사람이 있으면 지혜롭게 운명의 파고(波高)를 헤쳐 나갈 수 있다.

자신의 마음을 잘 다스림으로써 복 있는 사람을 만나는 것이 운명에서 취할 수 있는 최고의 방편이다. 그러려면 내가 항상 필요한 사람이 되어야 한다. 복 있는 사람이 나를 필요로 해서 다가오도록 만드는 것이다. 자신이 가진 재능을 십분 발휘하는 것, 그 노력이 인복을 가져다준다. 복이 있는 관상은 이목구비 얼굴에 있는 것도 아니고 무형의 심상에 있다. 운명을 이끌어가는 주인이 바로 심상이다.

자신의 복을 바로 안다는 것은 좋은 운명으로 태어나지 않아서 희망이 없는 것이 아니다. 세상과 마주하고 현실에 적응하고 어떻게 사는 것이 행복인지를 아는 것이다.

운명에 만약은 없다

재테크
수익 내는 사람과 손해 보는 사람

주식을 업으로 삼아 수익을 거두는 사람들은 흔히 "욕심을 버렸고, 공포를 버렸고, 미련을 버렸고, 불안을 버렸고, 초조를 버렸고, 고정관념을 버렸고, 흥분하지 않았다."고 말한다.

욕심 공포 미련 불안 초조 고정관념 흥분 등 이 모든 것은 생각이 일으키는 관념들이다. 사람이 일신상의 변화가 생기면 눈빛과 기색, 음성 등 여러 가지 무형의 요소들에 변형이 생긴다. 흔들리는 눈동자와 거친 숨소리, 떨리는 목소리 등 불안을 겪을 때 나타나는 무형의 상(相) 변화를 당사자들이 더 잘 알고 있다. 한 사람의 관념, 생각이 관상으로 나타나기 때문에 마음이 움직이는 행방을 알 수 있는 것이다.

운은 흐른다고 했다. 운대로 행동하는데, 아무 생각이 없는 것이 아니라 명이 생각에 영향을 미치는 것이다. 애초에 왜 그 생각을 했는지는 아무도 모른다. 자기 자신도 모른다. 똑같은 1억 원을 주식에 투자해도 수익을 거두는 사람이 있는 반면 반 토막 내는 사람도 있다.

흔히 '운칠기삼'이라고 해서 주식은 운이 7, 기가 3이라고 한다. 내 말이 아니라 주식을 하는 사람들이 투자에 실패하면 자조 섞인 목소리로 하는 말이다. 운명학을 하는 사람으로서 이 말에 공감하지 않을 수 없다.

가슴 아픈 이야기이지만 운명의 상위 1퍼센트 부자는 이미 정해져 있다. 대한민국 5천만 명 가운데 대통령이 되고, 재벌이 되고, 정치인이 되어 떵떵거리면서 잘 사는 사람이 몇 명이나 될까. 5천 명이 될까 말까 한다. 상위 1퍼센트가 아니라 상위 0.01퍼센트이다. 이들은 대개 태어날 때부터 좋은 집안에서 훌륭한 교육을 받으며 살아간다. 운명에 등급을 매긴다면 1등급은 1등급을 만나 결혼하고 1등급 자녀를 키워낸다. 대부분 일반 서민들은 하위 90퍼센트에 속해 있다. 사주 명조로 중위권 부자를 만나는 것조차 드물다. 보이는 현상만으로 상중하 1,2,3 등급으로 나눈다면 하위 3등급이 상위 1등급과 맺어질 가능성은 매우 희박하다. 상위 클래스로 올라가는 신분 사다리는 애초에 없었던 것이다.

그러면 우리는 어떻게 자기 운명에 맞게 재테크에 임해야 재산 증식의 길에 들어설 것인가가 관건이다. 수천억 원은 아니라도 자기 기준에서 만족할 정도의 재산 증식은 '운칠기삼'에 부응하면 이뤄질 수도 있다. 하늘의 기운이 생각에 영향을 미치기 때문에 자기

운명에 만약은 없다

기준에서 얼토당토않은 욕심을 부리지는 않을 것이다.

앞에서도 말했다시피 운은 흐른다고 했다. 흐르는 운 따라 행동을 하게 되는데, 이때 명을 내리는 생각이 중요하다고도 했다. 이 명이 태어나면서부터 하늘의 기운이 스며든 것이라 같은 현상을 놓고도 다른 생각을 하는 것이 사람이다. 자유의지가 그래서 치명적이라는 것이다. 공통점은 움직인다는 것이다.

자유의지가 어떤 방식으로 돌출하든
돈을 모으려면 움직여야 한다.

만복의 근원이 인복이라고 한 것은 나에게 없는 것을 도와줄 인연을 만날 수 있기 때문이다. 가혹하지만 부자가 되려고 움직이는 게 아니라 살려면 움직여야 하는 것이다. 명심하라. 일확천금의 요행수를 바라고 움직이는 게 아니다.

하늘 기운이 스민 생각이 행동을 만든다고 했으니, 내게 하늘이 어떤 기운을 내렸는지 사주에서 의미하는 바를 알고 움직이면 다소 도움이 된다. 사주 명리는 이 세상과 나의 밀월 관계 같은 것이다. 달콤한 결과를 보기 위해서는 사주가 의미하는, 세상이 요구하는 나를 찾아야 한다.

육신(102페이지 참조) 가운데 재성(財星)이 나에게 어떻게 와 있는지 보면 단편적이나마 향방을 정할 수 있다. 분명 단편적이다. 재성은 편재(偏財)와 정재(正財)로 나눠진다. 음양의 이치로 보면 음은 편재, 양은 정재이다. 편재는 재물이 쏠리는 것, 정재는 재물이 일정한 것을 의미한다. 편재가 있는 사람은 사업이나 자영업을 해서 돈이 들쭉날쭉하고, 정재가 있는 사람은 공무직이나 교사처럼 월급형 수입이 생긴다. 편재가 있으면 항상 모자랄 때가 온다는 생각을 해야 한다. 좀 더 재테크에 적극적일 필요가 있다. 정재가 있으면 일정한 저축으로 불려나가는 것이 보편적이다.

운 좋은 사람은 자기 집 앞마당에서 산삼을 캔다고 한 말 기억나는가. 그 말의 핵심은 운 좋은 사람이 아니다. 그 사람이 하는 행동에 핵심이 있다. 앞마당을 쓸었든가 마당에 풀을 뽑았든가 뭔가 부지런을 떨어서 산삼을 발견한 것이다. 산삼이 묻혀 있는 줄도 모르고 방안에 가만히 앉아서 놀다가 돈이 없어서 집을 팔면 그 집을 산 사람이 산삼의 임자가 되는 것이다. 운이 내게 있다 해도 부지런하지 않고 노력하지 않으면 복을 취하지 못 한다.

재테크를 하려면 열심히 해야 한다는 뜻이다. 열심히 하지도 않으면서 상담실에 와서 "제가 재복이 있나요?"라고 물으니까 시원한 대답을 못 듣는 것이다. 재복이 있거나 없거나 돈을 만지는 사람은 상담실에서도 구체적으로 질문한다. 식당을 오픈하려고 하는데 메뉴가 몇 가지면 좋겠는가, 심지어 해물이 좋겠는지 고기가 좋겠는지, 테이블은 몇 개를 놓을지 아주 구체적으로 의논한다.

실제 선물 옵션거래를 하거나 단타 매매를 하는 전업 투자자들이 상담을 많이 청한다. 주식은 심리전이고 선물 옵션은 향방을 예측하는 투기성에 가까운 측면이 있기 때문이다. 선물 옵션으로 인생역전에 성공한 사람들이 심심찮게 다녀갔다. 어느 시기에 어떻게 행할지 공부한 다음에 자기 입장을 정하고 마지막에 확인 차원에서 나를 찾아 온다. 대부분 내 의견과 일치하지만 일치하지 않을 때는 한 번 더 심사숙고하는 기회를 가지는 것이다. 결국은 자기운대로 결정하는 것이 사람이기는 하지만 이러한 노력 끝에 인생 역전이 오는 것이지 운명 상담만 주구장창하면 그것 또한 돈이 줄줄 새는 원인이 된다.

재성으로 판단하는 단편적인 것에서 더 나아가 식상, 인성(印星), 관성(官星), 비겁 등이 나에게 어떻게 작용하는지 보아야 한다.

일간을 나라고 하면 나의 사주 명조에 들어온 육신 관계를 살펴서 전반적인 재테크 방향을 정해볼 수 있다. 나의 재물을 보관하는 복인 재성이 있는지 없는지, 있다면 정재인지 편재인지에 따라 주식도 장기투자 타입인지 단타 매매 타입인지 엿볼 수 있다.

그래도 알 수 없는 게 재물의 향방이다. 가치투자 장기투자 한다고 오랫동안 묻어둔 주식을 피치 못할 사정으로 팔아야 할 때, 손해를 볼지 수익을 볼지 누가 알겠는가. 그림을 보면서 어떻게 재물 운이 구성되어 있는지 이해해 보길 바란다.

자신을 중심으로 돈복을 만들어내는 것은 식신과 상관이고 돈복을 새어나가게 하는 것은 비견과 겁재이다. 정재와 편재가 있으면 재물을 보관하는 힘이 있고, 정관과 편관이 있으면 재물을 지킬 수 있다. 이 모든 재물의 움직임을 관리하는 능력은 정인과 편인이 있어야 한다.

재물이 새는 것도 이유가 있고,
쌓이는 것도 이유가 있다.

여기에서 명조도 없이 편인과 정관이 만나면 어떻고, 편재와 편인이 만나면 어떻다고 말한들 이해하기도 어려울뿐더러 활용하지도 못 한다. 공부가 된 사람도 실제 생활에서 활용을 못하는 경우가 생긴다. 운이 아닌 자유의지가 움직여서 하는 일은 그 누구도 말릴 수가 없다. '눈에 뭐가 씌었나 봐.'라고 말하는 일은 그렇게 벌어진다.

요즘 셀프로 사주를 본다고 하는 사람들이 있고, 그것을 이용해 돈을 버는 사람도 있다. 아프면 전문의를 찾듯이 운명이 궁금하면 사주 명리학자를 찾아야지 셀프로 운명을 본다는 게 과연 어떤 결과를 가져올지 모르겠다. 어설프게 알고 잘못된 선택을 할까 봐 우려스럽다. 돈과 사랑에 목을 매니 잠시도 가만히 있을 수 없는 게 사람이고, 설치다가 죽 그릇을 걷어찬다고 섣부르게 잘못된 정보를 가지는 일은 없었으면 한다.

돈은 누구나 다 갖고 싶은데 한정되어 있으니 귀한 것이다. 재테

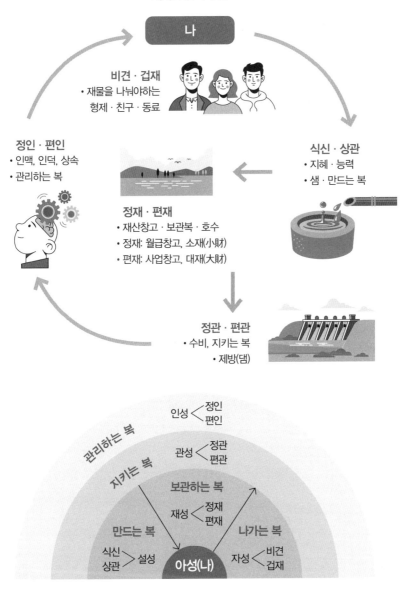

· 재테크 운의 구성 ·

나

비견 · 겁재
• 재물을 나눠야하는
  형제 · 친구 · 동료

정인 · 편인
• 인맥, 인덕, 상속
• 관리하는 복

식신 · 상관
• 지혜 · 능력
• 샘 · 만드는 복

정재 · 편재
• 재산창고 · 보관복 · 호수
• 정재: 월급창고, 소재(小財)
• 편재: 사업창고, 대재(大財)

정관 · 편관
• 수비, 지키는 복
• 제방(댐)

관리하는 복
지키는 복

인성 〈 정인 / 편인

관성 〈 정관 / 편관

보관하는 복

재성 〈 정재 / 편재

만드는 복

식신 / 상관 〉 설성

나가는 복

자성 〈 비견 / 겁재

아성(나)

크 이전에 자신의 분수에 맞는 길을 택해야 손재가 없음을 알았으면 한다. 돈 또한 상대적 가치이다. 재벌에게 천만 원은 아무것도 아닐 수 있지만 누군가에게 천만 원은 매우 큰 돈일 수 있다. 새어나가도 그만, 안 들어와도 그만이라면 굳이 재테크를 할 필요가 없지 않을까. 내가 추구하는 재테크는 결코 나의 운명의 반경을 벗어나지 않음을 명심할 일이다.

격물치지
직관력을 키워라

스승인 제산선생께서는 여느 사주 명리학자와 달리 학문적 성취보다는 도를 통하는 데에 더 큰 뜻을 두셨다. 생전에 "사람들은 물속에서 물을 찾는다."는 말씀을 자주 하시며 우매한 시야를 벗어나기 위해 수행과 산천 주유를 일삼으셨다. 그렇다. 운명을 공부하는 것은 업적을 남기기 위해서가 아니라 이치를 터득하기 위함이다. 리(理)보다는 기(氣)를 택한 것이 아닌가 한다. 선생의 예언이 뛰어났던 것은 기를 통해 이치를 터득한 직관력이 출중했기 때문이다.

격물치지는 유교경전인 《대학》에 '格物致知誠意正心(격물치지성의정심) 修身齊家治國平天下(수신제가치국평천하)'라는 문구에서 나왔다. 수신제가치국평천하는 널리 알려져 있지만 격물치지성의정심은 잘 모른다.

수신(修身, 마음과 행실을 바르게 하는 수양)을 하려면 그 이전에 격물치지를 해야 하고, 격물과 치지에 이르려면 성의와 정심을 닦아야 하는

데 앞에 무엇이 있는지도 모르고 수신제가치국평천하만 읊어대니 수신이 제대로 될 리가 없다. 제가까지는 몰라도 치국평천하가 일반인들에게 유용한지는 모르겠다.

"格物致知誠意正心(격물치지성의정심) 修身齊家治國平天下(수신제가치국평천하)"는 사실은 유교경전인《대학》이 제시하는 수행의 여덟 단계를 의미한다.

격물(格物, 사물의 이치를 구함), 치지(致知, 확실하게 아는 것), 성의(誠意, 뜻을 정성스럽게), 정심(正心, 자기 마음을 바르게 함), 수신(修身, 자신을 닦음), 제가(齊家, 집안을 건사), 치국(治國, 나라를 다스림), 평천하(平天下, 천하를 평화롭게 함)의 단계가 있고, 맨 처음 격물에서 수행이 시작된다는 의미이다.

'천지 만물은 격을 가지고 있다'는 것은 곧 그 사물이 의미와 특성을 가지고 있다는 뜻이다. 이 세상을 알기 위해선 만물의 격을 알아야 한다는 것이다. 이를 토대로 지식을 끝까지 파고드는 것이 치지이다. 격물치지가 이뤄지면 그 뜻을 성스럽게 여기고, 자기 마음을 바로 잡는 것이다. 마음이 바로 서면 수신이라는 수양이 가능해진다.

운명을 공부하는 것은 타인을 위한 것이 아닌
자기공부이다.

격물치지성의정심하면 결국 문리(文理)가 트이고, 자기 운명을 겸허하게 받아들이는 마음이 된다. 자신에 대해 허실(虛失)이 없어지면 다른 사람에 대한 눈 또한 열리게 된다. 왜 사는가에 대한 깊은 의문이 아니더라도 실용적으로 직관력이 생기는 것이다.

직관력은 운이 움직이는 것을 예리하게 포착할 수 있게 해준다. 변화의 10년이라는 대운이 움직일 때 직관력이 뛰어난 사람은 바로 알아차린다. 주변에 만나는 사람이 바뀌고, 어느 순간 대화의 수준이 바뀌고, 문제가 발생했을 때 시야가 확장되는 것을 자기 스스로 인식하게 된다.

하늘의 명을 받은 마음이 움직여서 하는 행동에 겸허한 마음과 공부가 곁들여지면 자신을 둘러싼 외부 관계에서 오는 문제는 순조롭게 해결된다. 운명을 아는 것의 끝은 '마음을 막는 재료'를 구하는 데에 있다.

지금의 이 생활을 다행스럽게 여기고, 타인의 운명을 탐하지 않고, 자기에게 충실하자. 크고 작은 변수에 휘둘리지 않고 자존감이 충만한 사람으로 살 수 있는 길이다.

꿈은 어떤 의미

미래의 길흉을 미리 짐작해 보는 가장 일반적인 방법이 꿈입니다. 뇌과학자들은 꿈은 낮 동안 기억의 파편이 남아서 재생되는 것이라고 합니다. 마치 영화 필름이 돌아가듯 남은 기억이 잠을 자는 동안 상영된다고 합니다.

제가 분류하는 꿈은 6가지 정도 됩니다.

1. 전생몽 : 전생의 자기 모습을 보는 꿈입니다. 전생에서 가장 인상적인 장면이 나오는데요, 전생몽을 꾸는 정도의 사람이라면 전생에도 수행자였을 가능성이 클 것 같습니다.

2. 천상몽 : 하늘나라 모습을 보는 것입니다. '온갖 꽃이 만발한 꽃동산을 거니는' 꿈 부류이지요. 하지만 우리 중에 누가 하늘나라를 보고 전해준 사람이 있나요? 평소에 보았던 장면 중에 가장 아름다운 장면이 천상몽으로 재현되는 것일지도 모르지요. 컬러꿈이라는 특징이 있어요. 대개 흑백꿈을 꾸는데 컬러꿈을 꾸는 것은 영혼이 깨끗한 날이라는 뜻입니다. 컬러꿈은 아이들이 훨씬 자주 꾸지요.

3. 선견몽 : 앞으로 일어날 일을 미리 상징적으로 보여주는 꿈입니다.

여자가 남자보다 더 많이 꾸는데, 사물을 감성적으로 인식하는 경향이 더 커서 그렇습니다. 부인들이 꿈을 꾸고 나서 남편이 출장 가는 것을 말리거나 사업투자를 권유하는 경우는 종종 있지요. 복권당첨되는 꿈도 있구요.

4. 주야사몽 : 낮에 했던 생각이 밤에 꿈으로 나타나는 경우입니다. 잠재의식의 발로라고 봅니다. 미운 사람을 발로 걸어찬다든가 하는 꿈인데 평소 생각이 꿈을 통해 드러나는 것이지요.

5. 상사몽 : 어떤 일을 골똘히 생각하면 꿈에까지 나타나는 것이지요. 입시나 취업을 앞둔 자녀의 합격 불합격 꿈을 어머니들이 많이 꿉니다.

6. 사대불화몽 : 사대는 우주의 4가지 구성요소입니다. 지수화풍(地水火風)인데, 지수화풍이 어지럽게 흩날리는 요란한 꿈입니다. 잠들면 혼과 백이 만나 혼백이 되어야 하는데 만나지 못해 따로 노는 겁니다. 맞아요, 개꿈입니다.

Chapter 6

나의 스승 제산선생

사주의 신이라 불린
부산 박도사

2022년이 저물어 갈 무렵 SBS 방송국에서 찾아왔다. 제산 박재현 선생에 대해 알고 싶다고 했다. 〈꼬리에 꼬리를 무는 그날이야기〉 프로그램에서 IMF의 방아쇠가 된 한보그룹 부도를 다루는데, 제산 선생에 대한 정보가 필요하다는 것이다. 제산선생이 돌아가실 때까지 모셨던 마지막 애제자로 소개를 받았다며, 한보그룹과 제산선생의 관계 등등을 인터뷰 해갔다.

부산 박도사라는 별칭으로 더 유명한 제산 박재현 선생께서는 1970년대부터 1990년대 후반까지 대한민국 역학계 대표 주자로 활약하셨다. 선생의 예지력이 빛났던 사건들을 나열하면 마치 한국 현대사를 보는 느낌이다. 당대 내로라하는 정재계 인사들이 중요한 선택에 앞서 선생께 조언을 갈구했고, 선생의 예언이 빗나가는 일은 좀처럼 없었다. 굵직굵직한 사건마다 제산선생의 이름이 등장

운명에 만약은 없다

한다.

선생께서는 20대 초반부터 30대 초반 사이 10여 년을 지리산 토굴에서 깨달음을 얻기 위해 수행생활을 하셨다. 사주 명리는 누구나 공부하면 이론을 이해할 수는 있지만, 사람의 운명을 예언하는 것은 다른 차원이다. 직관력이 있어야 한다. 선생은 수행을 통해 남다른 직관력을 추구하신 분이다.

태어난 곳이 함양이니 지리산이 누구보다 친숙했을 터인데, 공교롭게도 지리산은 민족의 영산으로 유불선에 정진하는 사람들의 집결지나 다름없었다. 지리산은 경남 하동, 함양, 산청, 전남 구례, 전북 남원 등 세 개의 자치도와 다섯 개의 시군에 걸쳐 있는 산맥에 가까운 영산이다. 북쪽에 민족의 아버지 영산 백두산이 있다면, 남쪽에는 민족의 어머니 영산 지리산이 있는 것이다. 그러니 하나의 거대한 도량이라고 해도 손색이 없을 정도로 도를 닦는 사람들이 많았다. 선생께서는 이 일대를 10여 년 동안 누비면서 골마다 도를 닦는 수많은 기인들과 교류하고, 수행정진에 총력을 기울이셨다.

상연대 토굴에서 한 소식(깨달음)한 후 내려와 결혼 후 몇 달 신혼생활을 하지도 않고 다시 산으로 올라 2차 수행에 들 정도였다. 이 과정에서 주역과 사주 명리 고전뿐만 아니라 사서삼경과 불교의 여러 경전을 탐독하셨다.

수행과 참선을 통해 깨달음을 추구하는 사람들은 이론적 배경이 약하고, 학문적으로 운명을 파악하려는 사람들은 실전에 약하기 마련인데 선생께서는 이 둘을 겸비한 보기 드문 영통자(靈通者)이셨다. 사주 명리와 주역, 유불선까지 두루 섭렵한 한학자이면서, 인문학 자이자 두 번의 토굴 수행으로 도통한 경지에 이른 도인이기도 하셨다.

제산선생은 회갑 무렵, 경주에 있는 박씨 문중 회의에 참석했다가 뇌출혈로 쓰러지신 후 점차 회복하셨지만, 몇 년후 다시 쓰러지셨고 결국 2000년 8월 27일 타계하셨다. 연락을 받고 쓰러진 선생을 구급차에 모시고 서울 신촌 세브란스병원으로 올라가는 동안의 그 안타까웠던 시간이 아직도 생생히 기억난다.

새카만 눈동자만큼이나 섬광처럼 번뜩이던 해석이 단호하기 그지없었던 분이었다. 혹 말씀이 이해가 안 될 때도 며칠을 두고 곰곰이 생각해 보면 다 맞는 말씀이었는데, 나는 한 번에 간파해내지 못한 어리석은 제자였다.

마지막 가시는 길까지 모시면서 숱한 시험과 지도를 받으며 깨우친 바, 오늘의 내가 있음은 부인할 수 없는 사실이다.

운명에 만약은 없다

스승의 그림자를 따르며 가는
명리 학자의 길

상연대에는 제산선생의 선(仙) 수련장이 있어서 모시고 자주 올랐다. 당신이 한창 때에 수행하던 토굴에 다다르면서 내게 이른 말씀이 "심풍(心風)으로 자유로우면 곧 신통(神通) 자재를 얻는다."고 하셨다. 타인의 운명을 감정하는 일은 남의 일기장을 몰래 읽는 것과 같아서 수행이 뒷받침되지 않으면 헛소문을 퍼뜨리는 꼴이니 평생 수행해야 함을 강조하신 것이다.

제산선생께선 참선과 수행, 이론과 실전을 통틀어 운명 감정법에 독창적인 '자연이기론(自然理氣論)'을 주창하셨다. 선생의 지도를 받은 제산문중 제자들은 물상론(物象論)과 자연이기론을 기본 바탕으로 삼는다. 우주 속에 존재하는 모든 현상과 물상은 이(理)와 기(氣)로 구성되고 생성 변화되는데, 그 발생이 자연에서 비롯하니 모든 사물과 사람을 자연의 이치로 보아야 한다는 관점이다.

예를 들어 갑목이라고 하면 큰나무, 을목이라고 하면 작은 묘목, 병화라고 하면 큰 태양 같은 불, 정화라고 하면 작은 촛불이나 화롯불 등으로 쉽게 물상에 비유를 들어 자신이 처한 운명을 풀어주는 것이다.

이러한 제산문중의 이론적 바탕 위에 '시간과 공간의 동시발현, 무형과 유형의 공존'이라는 현재 나의 방산(芳山) 명리론의 핵심이 가지를 뻗게 되었다.

사주 명리를 운명 공부라 일컫는 것은 이론만으로는 설명되지 않는 인간과 사회 환경, 자연에 대한 깊은 이해가 따라야 하기 때문이다. 단순히 문자로 배우는 것은 곧 한계에 부딪히고, 깨달음을 얻어야 비로소 한 사람의 운명을 정확하게 예측할 수 있음을 스승께서는 몸소 보여주셨다.

제산문중에서 수학하는 것은 역학계에서는 흥행 보증수표를 얻는 것이나 다름없었다. 1970년대 중반 부산에서 〈제산정사〉를 열고 상담하실 때부터 1990년대 중반 〈덕운정사〉를 지을 때까지 아침저녁으로 선생 문하에 들고자 하는 이들이 수시로 출입했다. 문중수학이란 학문에 앞서 사제지간의 정이 우러나고, 제자는 스승의 생각과 행동에 결을 맞춰 함께 호흡하는 일이다. 학문과 이치를 전승받는 일은 사제동행이 이뤄진 이후에나 가능하다. 잠시 스친다고 해서 문중에 들었다고 할 수는 없다.

운명에 만약은 없다

많은 사람이 사주 명리에 대해 편견을 갖고 있음을 안다. 미래가 불안해서 상담가를 찾으면서도 듣기 싫은 소리는 듣지 않고, 듣고 싶은 소리만 좋게 듣는다. 나쁜 운이 오면 생각이 안 좋은 방향으로 흘러갈 수밖에 없는데, 그 나쁜 운을 지혜롭게 넘기도록 조언해도 못 알아채면 실패하게 된다.

상담하는 사람들도 운의 흐름을 타기 때문에 좋은 운의 상담가에게는 성공할 운에 든 사람들이 많이 찾아온다. 정계에서 당선될 사람, 재계에서 성공할 사람이 찾아오면 상담하기도 쉽고, 성공하면 상담가의 명성도 더불어 높아진다.

그 누구도 운명의 지배를 받지 않는 사람은 없다.

한보그룹의 부도를
예견한 제산선생

2023년 3월 30일에 방영된 SBS 〈꼬리에 꼬리를 무는 그날이야기 3〉 72회에 말 그대로 그날의 이야기가 자세하게 소개되었다.

한보그룹의 정태수 회장은 52세에 사업을 시작해, 10년 만에 대한민국 재계 서열 30위 안에 들어가는 기염을 토한 인물이다. 1천만 원으로 건설사를 차린 지 3년 만에 순이익 20억 원을 거머쥐었다. 이를 시작으로 부동산 부(富)의 시작점인 압구정동 현대아파트, 대치동 은마아파트 모두 정태수 회장의 손끝에서 탄생했다. 정태수 회장은 평소 '사업은 운이 70퍼센트가 아니라 90퍼센트'라고 굳게 믿고 있었다.

평소 결정적 선택을 해야 할 순간마다 제산선생의 의견을 구했고, 그때마다 제산선생의 예언은 적중했다. 그룹 고문으로 모시기까지 했으니 아마 운명 상담가로서는 대기업 연봉을 받는 최초의 사례가 아니었나 싶다.

운명에 만약은 없다

하지만 정태수 회장은 그룹을 확장시키기 위해 철강회사를 인수하려 했고, 그런 일이 벌어질 것이라고 미리 예언한 제산선생의 말을 귀담아 듣지 않았다. 상담은 내가 듣고 싶은 말을 들을 때까지 계속된다고 했던가. 다른 역술인으로부터 '이제는 철을 만질 시기'라는 말을 들은 뒤 무리하게 철강회사를 인수하려다 그만 부도가 나고 말았다.

제산선생이 파악한 정태수 회장의 운세는 60세를 전후해서 운의 하락기에 접어드는 것이었고, 무리한 확장이 오히려 화를 부를 것임을 오래 전부터 알고 있었기에 말린 것이다. 결과는 제산선생의 예언을 벗어나지 않았다.

선생께서는 한보그룹과 결별한 이후로는 오롯이 공부에만 매진하셨다. 내가 제산선생 문하에 든 1992년은 이미 한보와 결별한 이후이다. 선생의 고향 함양에 수행도량 〈덕운정사〉를 짓고, 1997년 하산할 때까지 선생과 함께 한보그룹이 무너지는 과정을 지켜보았다. 마지막 부도가 날 무렵 정태수 회장은 사람을 여러 번 보내왔지만 선생께서는 끝내 전갈에 응하지 않으셨다.

사람이 자기에게 도취되면 다른 사람의 충고나 조언이 아예 들리지 않게 된다. 재계 서열 10위까지 올랐던 한보그룹은 하루아침에 부도로 사라지고, 정태수 회장은 1997년 구속되었다. 이 일이 도화선이 되어 대한민국은 IMF라는 참혹한 시기를 맞이하게 된 것이다.

제산선생의 신통력이
세상에 알려진 10.26사건

제산선생이 대단한 것은 이론이 아니라 사주 명리학자들이 명조로 짚어내지 못하는 부분까지 정확하게 예언했기 때문이다.

역술인 가운데 그 어느 누구도 10.26 사건을 예견한 사람은 없었다. 이를 예견한 것은 제산선생의 신기에 가까운 능력을 가장 잘 보여주는 사건이라 하겠다.

1972년 10월 유신 단행 시 선생께 청와대에서 비서관을 보내 '유신(維新)'의 앞날을 물어보게 했다. 선생께선 담뱃갑에 '유신(幽神)'이라고 볼펜으로 끄적거렸는데, '유신(維新)을 하면 유신(幽神), 곧 저승의 귀신이 된다'는 예견이었다. 이 일로 훗날 서울 수도방위사령부로 끌려가는 치욕도 당하셨지만, 결과는 선생의 신통함에 더욱 힘을 실어주는 격이 되었다.

어쩌면 이러한 정재계와의 인연들이 제산선생을 일찍 종명하게 한 불씨였는지도 모르겠다.

　　　　　　　　　　　　　운명에 만약은 없다

10.26 사건 이후 김대중 김영삼 김종필 삼김(三金) 가운데 누가 대통령이 될지를 놓고 한국역술인협회 임원들끼리 서로 의견이 분분할 때, "전두환의 명조를 아는 자 있는가?"라는 질문으로 역술인들을 깜짝 놀라게 했다는 일화도 전해진다. 이후 전두환 신군부세력을 두려워한 고위 장성급들이 불이 나게 찾았다는 말씀을 자주 들려주셨다.

정재계 인사 가운데 거의 3천 명 가량이 제산선생의 간명지를 받아갔다. 항간에 자기 이모가 제산선생을 만나 간명을 받았다는둥, 삼촌이 이런 말을 들었다는둥 떠도는 말이 있는데 모두 거짓이다. 선생은 말로 하지 않고 사주 명조에 언제 어떤 운이 들어오는지 한시(漢詩)처럼 적어주셨다. 기록하는 제자인 서사(書士)에게 당신이 한시처럼 적어주면 서사는 다시 한글로 풀이를 써서 내담자에게 건네는 방식이었다. 말로 하는 것은 사라지니 간직하고 있다가 자기 운의 흐름을 알고 대처하라는 뜻이었다. 그래서 선생의 간명지를 고이 간직하면서 평생 꺼내보는 기업인이나 정치인이 많았다는 얘기가 전해지게 된 것이다.

이렇게 하신 데에는 그만큼 예언에 자신이 있었고 사람들이 잊어버리지 말고 기억하라는 뜻이 담겨 있었다. 말로 하면 기억 속에서 왜곡되거나 사라질 확률이 크지만 기록함으로써 맞는지 틀리는지 확인하는 증거가 될 수도 있고, 살면서 표지판으로 삼을 수도 있기 때문이다.

노태우 대통령과 김옥숙 여사가 결혼하기 전에 오빠인 김복동 씨가 제산선생의 간명을 받아간 적이 있었다. 김복동과 노태우는 육군사관학교 동기로, 오빠가 여동생을 결혼시키기 위해 선생을 찾아온 것이다. 이때 선생은 노태우가 대통령이 될 것이라 했고, 김복동은 여동생을 결혼시킬 결심을 한 것이다.

기업경영의 난제를 풀어준
제산선생

지금의 포스코를 만든 포항제철 박태준 회장은 특히 제산선생과 사이가 돈독했다. '살아 있는 토정 이지함'이라며 극찬을 아끼지 않았다.

당시 포항제철이 워낙 현금이 많아서 정치권에서 눈독을 많이 들였다. 이를 박태준 회장이 제산선생께 의논하니 제철소를 하나 더 세우라는 방편을 내셨다.

그리고는 두 분이서 같이 헬기를 타고 포항제철에 이은 제2의 제철공장 부지를 찾으러 다니셨다. 전남 광양의 지형과 지명에 대한 설명을 듣고 전격 결정하게 되어 지금의 광양제철소가 탄생하게 되었다. 새로운 제철소를 세우는 데에 현금을 다 투입하니, 정치권에서 포항제철과 박태준 회장을 더 이상 흔들지 못했다.

뿐만 아니라 박태준 회장은 대권도전을 앞두고 헬기를 타고 함양 서상으로 찾아와 선생께 혜안을 구하기도 했다. '이번에는 안 되니

세월이 흐르도록 좀 기다려야 한다'고 의견을 주셨는데, 그 때문인지 확인할 바는 없지만, 박태준 회장은 당내 경선도 포기하고 경영 일선으로 돌아갔다.

〈덕운정사〉를 짓는 동안 주경야독으로 밤이면 선생의 어깨를 주물러 드릴 때 이런 이야기들을 두런두런 들려주셨다. 아마 선배 학형들은 좀처럼 접하지 못한 부드럽고 친숙한 순간을 내게는 허용하신 게 아닌가 싶어 감격스러울 때가 종종 있었다. 밤마다 인연법, 물상통변, 격국용신의 활용법, 신살통변, 운로통변 및 활용법에 대해 여쭤보면 몇 마디 답해주시고, 그것을 받아 적는 것만으로도 공부가 되었다.

삼성그룹의 이병철 회장 또한 조언을 구한 바가 적지 않았다고 한다. 다른 곳에서는 들은 적이 없을 텐데 사실 선생과 이병철 회장이 만난 것은 한 노인의 관상을 봐주면서였다.

선생께서 함양과 부산의 중간 어디에서 하룻밤 여관에 들었는데, 우연히 옆방에 든 노인의 관상을 봐주었다고 한다. 그 노인이 선생의 상(相)법에 탄복을 금치 않았고, 친구인 이병철 회장을 소개해 처음 알게 되었다고 하셨다.

그 인연으로 삼성그룹의 자문을 해주고 나니, 국제시장에 아내 명의로 건물을 마련해 줬다. 공부를 하면 돈이 없고, 돈에 고통 받으면 공부가 안 된다며 이병철 회장께서 마련해 주셨다고 했다.

운명에 만약은 없다

제산선생이
사주의 신(神)인 이유

원래 운명 공부는 자기를 알고자 하는 욕구에서 시작된다.

'나는 왜 이렇게 태어났는가?'

'나는 왜 이런 배우자를 만났는가?'

'내 자식은 왜 이런가?'

공부하면서 '나'를 알아가는 것이다. 나를 어느 정도 알고 나면 자연스럽게 다른 사람의 운명을 보면서 공부하게 된다. 하지만 단순한 이치를 배웠다고 해서 남의 사주를 보는 것은 위험할 수 있다.

제산선생께서도 관상을 볼 줄 아셔서 삼성그룹의 고문을 맡아 임원 심사만 1천 명 이상 보았지만, 말년에는 잘한 일인지 회한이 든다고 하셨다. 당신이 뽑은 직원들은 다른 일을 해도 잘할 사람들인데 삼성에 소속되어 일하게 된 것이 그들의 인생으로는 잘된 일인지 모르겠다고 생각하신 것이다.

우리는 물질세계에 살고 있기 때문에 이 일을 자기 업으로 삼은 사람들이 있다. 역학(易學)이 역술(易術)로 혼재되어 쓰이는 이유가 여기에 있다. 하지만 몇 글자 안다고 해서 될 일은 아니고, 관계와 이치, 환경을 모두 고려해 분석하는 임상경험이 누적되어야 정확도가 높아진다.

제산선생 스스로 문파를 형성한 적은 없다. 후학을 양성한 적도 없고, 자신의 이론도 책으로 남기지 않으셨다. 〈덕운정사〉를 지으면서 체계적으로 이론을 정립하고 후학을 양성하려 했으나 2000년 갑자기 종명하시고 말았다. 이후 남겨진 후학들은 여기저기 흩어져 제산선생의 이론을 바탕으로 자기 길을 가고 있다.

제산선생께서는 운명을 감정함에 있어서 크게 세 가지를 중요하게 생각하셨다. 각지에 흩어진 제자들도 이 방식을 따르고 있기 때문에 바로 옆에서 기록하면서 보좌한 진짜 제자를 찾고자 할 때는 이 방식을 따르는지 보면 알 수 있다.

첫 번째가 인연법이다.

인연을 가장 중요하게 여긴 것은 아무리 좋은 운을 가지고 태어났어도 상대를 잘못 만나면 그 운에 담긴 복을 다 차지할 수 없기 때문이다.

만나야 할 사람 가운데 가장 중요한 것은 부부와 자녀이다. 내담자가 오면 제일 먼저 열두 띠 가운데 합이 맞는 부부인연을 적으신다. 예를 들어 쥐띠가 오면 원숭이띠를 부부로 맞이하고 원숭이띠를 만나지 못하면 닭띠를 만난다고 하시면서 부부 인연의 띠를 하나 내지 두 개 정도 제시하신다. 이어서 아들은 개띠, 딸은 돼지띠를 생산한다고 적는다. 그다음에는 직업을 제시하는데 막연하게 공무원이라고 제시하는 게 아니라 공무원 가운데에도 경찰이면 경찰, 검찰이면 검찰, 혹은 세무직, 행정직으로 세분해서 알려주고, 최종 퇴임 시 오를 직급까지 예언하셨다. 즉 인연법을 가지고 부부, 자손, 직업 세 가지를 제시하는 게 특징이다.

두 번째는 말로 하지 않고 기록으로 남기는 것이다.

제산선생의 제자들은 거의 가운뎃손가락인 중지가 툭 튀어나와 있다. 오랫동안 기록을 하다 보니 펜 굳은살이 생긴 것이다. 말로 하면 다 잊어버리니 간직하면서 인생의 행로마다 이정표를 삼으라는 의미로 꼭 적어서 건네주셨다.

나도 이 방식을 오랫동안 따랐다. 상담하는 분마다 정자체로 빽빽하게 적어주다 보니 어깨부터 손가락 관절까지 쓸 수 없을 만큼 통증이 생겨 지금은 어쩔 수 없이 말로만 통변해 주고 있다.

세 번째는 체용변의 원리이다.

체(體)는 사주를 갖고 있는 어떤 한 사람 개인에 해당하고, 용(用)

은 이 사람을 둘러싸고 있는 환경이나 사회를 일컫는다. 변(變)은 개인과 사회가 만나 일으키는 생성변화를 의미한다. 체용변은 개인이라는 고정체가 사회의 환경 속에서 활동함으로써 고정된 게 아니라 변화해 간다는 의미이다.

우리가 운명을 보는 것은 이 세상에서 어떻게 살아야 할지 궁리하는 데 그 목적이 있다. 즉 내가 몸담은 사회에서의 쓰임을 살펴보는 것이지 사람 자체만 가지고 논할 필요가 없다. 아무 변화와 동요가 없는 개인에게 무슨 희노애락이 일어날 것이며 생사고락의 인간관계가 생기겠는가. 사람은 태어나자마자 부모와 자식으로 관계를 맺고, 살아가면서는 더 많은 관계와 사회에 속한다. 그렇기 때문에 체와 용, 개인과 사회의 관계 해석에 주목하신 것이다.

선생께서는 체보다 용을 먼저 보시면서 무엇보다 직업을 제일 중요하게 여기셨다. 무슨 일을 해서 물질과 정신을 유지할 것인가가 운명 감정의 킬링 포인트였다.

체와 용은 음과 양에 대입할 수도 있다. 음과 양이 만물을 만들어 내기 때문에 모든 원리가 음양에서 나온다. 음과 양은 좋고 나쁜 것이 아니다. 선이 좋기만 한 것이 아니라 나쁠 수 있고, 악도 나쁘기만 한 것이 아니라 좋을 수도 있다. 이것이 음양이다. 어디에 사용하느냐에 따라서 달라진다. 체용도 마찬가지이다. 어느 것을 체용으로 볼 것인가가 관건이 된다.

밤과 낮은 다르지만 붙어있다. 구분할 수는 있어도 분리할 수는

운명에 만약은 없다

없다. 체용도 음양도 마찬가지이다. 붙어있는 원리를 깨달아야 깊이 공부할 때 헷갈리지 않는다. 운명 상담에서 체와 용을 구분하고 내와 외를 구분하는 이유이다. 내(內)는 가정이고, 외(外)는 사회이다.

　창원 한양대학교한마음병원 이사장님은 선친과 제산선생이 친우 관계이셨다. 병상 3개를 놓고 작은 의원을 개원할 때 제산선생을 뵙고 자문을 구했다. 명조를 보시고는 재벌만큼 돈을 번다는 예언과 절대 정계에 입문해서는 안 된다는 당부를 하셨다. 이사장님은 그때 선생의 말을 금과옥조로 여기고 절대 정치 쪽에는 발을 딛지 않으셨다. 현재 운영하는 한마음병원 규모는 1조 원이 넘는 지역 거점 병원이 되었다. 선생께서 돌아가시고 난 뒤로는 나와 의논을 하시게 되었다. 내가 창원 한마음병원 주부대학에서 주부들을 대상으로 운명을 강의한 것도 이러한 인연 때문이다.

　제산선생이 돌아가신 지 20여 년이 더 흘렀지만 나는 여전히 그분의 그림자조차 따르지 못한다. 어느 도(道) 통한 운명 상담가가 나와서 그분을 뛰어넘을지는 알 수 없지만 그분 같은 이가 다시 나올지도 의문이다. 하지만 제자 된 도리로 오늘도 공부와 수행을 게을리 하지 않는 것이 나의 남은 책무라고 생각한다. 수행 정진하다 보면 나 자신만큼은 정확하게 알 수 있지 않을까.

사주 명리는 한 사람만 바라보는 일대일 맨투맨 코칭이지요. 종교는 일대 다수인 대중을 위해 존재합니다.

사주 명리는 현재 삶에서 취할 수 있는 방법을 구하는 것이지만 종교는 과거와 미래를 이야기 합니다. 불교는 전생을, 기독교는 사후의 구원을 설파합니다.

어떻게 보면 종교도 사람의 마음을 움직이는 예술 중에 하나가 아닐까요. 증명되는 것을 싫어하니까요.

종교의식은 마음에 무언가 일으킵니다. 파란이나 동요, 감화 등 마음을 움직이게 하지요. 이것도 하늘의 명에서 오는 생각이 행동하게 만든 것이니 자기 운명 속에 종교도 있습니다.

목은 유교, 화는 천주교나 기독교, 금은 불교, 수는 도교, 토는 신앙생활 전체를 믿지요. 이렇게 말하는 것은 인의예지신(仁義禮智信)에 각 종교의 특징을 접목한 것입니다. 목은 인에 해당하니 유교를 숭상합니다. 화는 발산하는 기운으로 예에 해당하며 기독교나 천주교를 믿지요. 전도를 그만큼 열정적으로 하는 종교가 없어요. 금은 의에 해당하는 서방정토의 불교, 수는 지로써 널리 퍼져 그 깊이를 알 수 없는 도교에 해당합니다. 토는 언제나 그렇듯 중간자이자 토양이자 신(信)에 해당하므로 거의 모든 종교를 다 아우르는 토착신앙에 가깝습니다.

· 대우주 만물의 이치를 목화토금수로 정하고 이를 문자로 표기한 것 ·

목(木)	화(火)	토(土)	금(金)	수(水)
춘(春)	하(夏)	사계(四季)	추(秋)	동(冬)
파종	성장	중화	결실	저장
인(仁)	예(禮)	신(信)	의(義)	지(智)
간장	심장	위장	폐장	신장
동(東)	남(南)	중앙(中央)	서(西)	북(北)
3, 8	2, 7	5, 10	4, 9	1, 6
청색(靑色)	적색(赤色)	황색(黃色)	백색(白色)	흑색(黑色)
신맛	쓴맛	단맛	매운맛	짠맛
아침	낮	분합	저녁	밤
현실주의	타협 선전	중심 사령체	분석	은둔 지혜
공자사상	예수	샤머니즘	석가사상	노자사상
유교	천주교, 기독교	타교	불교	도교

운명이란 음양의 동력으로 돌아가는 소리다. 즉 조화를 의미합니다.

내가 이 세상에 온 이유

종교, 도학, 역학, 철학 등 편인(偏印)의 학문을 익힐 때에 세 가지 방법이 있다.

첫째는 스스로 독학을 할 수 있고,
둘째는 글로 배울 수 있고,
셋째는 스승으로부터 배우는 방법이 있다.

세 방법 모두 한계가 분명하다.

독학하면 자신의 한계에 빠지고,
글로 배우다가는 책의 한계에 빠지고,
스승으로부터 배우면 언젠가는 스승의 한계에 같이 빠진다.

편인의 학문에는 멈추는 순간이 반드시 오므로 이를 경계로 삼아야 한다.

큰 숲을 보면 그 숲 안에 어떤 나무와 풀, 동물과 새들이 사는지 알아야 하는 것이다.

무협지에 나오는 일각(一覺)한 이들이 천하를 주유하는 것 또한 깨달음을 얻고자 함이리라.

스승께서는 이 모든 것들을 기꺼이 행한 분으로, 내게는 넘어야 할 산이지만 나는 처음부터 넘을 마음도, 넘을 수도 없음을 알았던 것 같다. 항상 한계를 넘기 위해 경계하는 그 마음만은 뛰어넘을 수도 있을 듯하다. 이 모든 것은 찰나의 순간에 나로 인해 오는 결과이니, 나는 결코 나를 떠날 수 없었다.

운명(運命)이라는 두 글자에 화두(話頭)를 걸고, 오로지 고요에 들고자 참선하듯 오늘에 이르렀다. 나는 믿는다. 우리 모두 자기도 모르게 구원받는다는 것을. 운명에 거스르지 않고, 도를 닦는 심정으로 현재를 살면 언젠가는 '내가 이 세상에 온 이유'에 대한 답을 알게 될 터이다.

모두 평안한 마음으로 오늘을 보내시길.

◀

제산선생께서 평소 쓰시던 사주
책(만세력). 펼치면 부스러질 정도
로 오래되었지만 손때 묻은 만세
력을 물려주셔서 간직하고 있다.

▶

1987年 정묘년(丁卯年)에 33인의
지향회지(指向會旨)를 선언하고, 진
단학회(眞丹學會) 창립총회를 지리
산대회 기념으로 개최하며 만든
부채이다.

◀

제산선생께서는 평소 도통(道通)
에 뜻이 강하여 선불합종(仙佛合宗)
에서 금단대도(金丹大道) 수행법의
진수만을 발췌하여 선불가진수어
록(仙佛家眞修語錄)을 편찬하셨다.
덕운정사에서 저녁마다 지도해
주셨다.

저자가 제산선생님을 모시고 다닐 때, 지리산 청학동에 들렀다가 풍수를 설명하고 기념으로 한장 찍자 하셨다. 선생님과 나 사이에 남은 유일한 사진이다.

(좌: 제산선생님, 우: 저자)

2023년 3월 SBS 〈꼬리에 꼬리를 무는 그날 이야기3〉에 출연할 당시의 저자.

◇ 1995년 6月 23日 감정
45세에는 佛情(七然)간이 되여서 外勢의 금으로는
45%가 되여 불안하고
內部(조직과세력)의 금으로는 56%가 되여서 인물
조직 세력으로는 승리하게 되여 있으나 外部 內部의
운세를 합하면 23日 차러 상태에게 5%가 부족하나
24日부터 ~27日까지 최선의 힘으로 구박이여야 ◇
근소한 차이로 발전하는데 마지막에 2% 정도 해선한다
당의 조직을 24日부러 총집수하여야 희망이 보이고
현재의 운세대로 흐르면 2% 정도는 해선의 운이나
승리의 방법 ― 종교재를(申金：사찰)에 득표운동을 강력
하게 하시오 이것이 승리의 방법이 된다

6月 27日 지자재 선거 발로 예견
대원자 노삼진

丁亥火水
戊子土水
己丑土土
庚寅金木
辛卯金木
壬辰水土
癸巳水火
甲午木火
乙未木土
丙申火金
丁酉火金
戊戌土土
己亥土水
庚子金水
辛丑金土
壬寅水木
癸卯水木
甲辰木土
乙巳木火
丙午火火
丁未火土
戊申土金
己酉土金

• 1회 지자체 선거 예견지. (제산 선생님 친필 사인.) 당시 마산시장에 출마한 A씨의 당락 여부를 감정해 주셨는데, 스승께서는 사력을 다해도 2퍼센트가 모자라 낙선할 것이라고 예견하셨는데, 실제는 0.2퍼센트 차이로 낙선하였다.

	甲子木水	辛丑金土
坂	乙丑木土	壬寅水木
	丙寅火木	癸卯水木
	丁卯火木	甲辰木土
	戊辰土土	乙巳木火
	己巳土火	丙午火火
	庚午金火	丁未火土
錚	辛未金土	戊申土金
	壬申水金	己酉土金
	癸酉水金	庚戌金土
	甲戌木土	辛亥金水
	乙亥木水	壬子水水
柳	丙子火水	癸丑水土
	丁丑火土	甲寅木木
	戊寅土木	乙卯木木
	己卯土木	丙辰火土
	庚辰金土	丁巳火火
鍊	辛巳金火	戊午土火
	壬午水火	己未土土
	癸未水土	庚申金金
	甲申木金	辛酉金金
	乙酉木金	壬戌水土
棟	丙戌火土	癸亥水水

289

1. 우리나라는 천문법에 2조에 "천문역법"이란 천체운행의 계산을 통하여 산출되는 날짜와 천체의 출몰시각 등을 정하는 방법을 말한다. 규정하고 있다. 3항에는 "윤초(閏秒)"란 지구자전속도의 불규칙성으로 인하여 발생하는 세계시와 세계협정시의 차이가 1초 이내로 되도록 보정하여주는 것을 말한다.고 공표해두었다. 지구의 자전은 해마다 조금씩 느려지고 있고, 그 때문에 언제나 정확한 간격으로 유지되는 원자시계와 오차가 생긴다. 윤년을 운용하는 것만으로는 세밀한 오차까지 일일이 잡을 수 없기 때문에 계산에 의해 필요할 때마다 윤초로 차이를 보정하고 있다.

2. 12간지 시간(자시: 23시~01시, 축시: 01시~03시, 인시: 03시~05시, 묘시: 05~07시, 진시: 07시~09시, 사시: 09시~11시, 오시: 11시~13시, 미시: 13시~15시, 신시: 15시~17시, 유시: 17시~19시, 술시: 19시~21시, 해시: 21시~23시)

3. 통역하여 알려주는 일을 일컫는다. 사주 명리학자들이 일반인에게 사주를 해석하고 상담해 줄 때 주로 쓰는 용어이다.

4. 중국 전한(前漢)의 회남왕(淮南王) 유안(劉安)이 저술한 책. 유안이 빈객과 방술가(方術家) 수천을 모아서 편찬한 것으로, 원래 내외편(內外編)과 잡록(雜錄)이 있었으나 내편 21권만이 전한다. 형이상학, 천문·지리·시령(時令) 등의 자연과학, 일반 정치학에서 병학(兵學), 개인의 처세훈(處世訓)까지 열기하고, 끝으로 요략(要略)으로 총정리한 1편을 붙여서 복잡한 내용의 통일을 기하였다.(두산백과)

5. 사주의 육친은 식상 재성 관성 인성 비겁으로 구성되어 있는데, 육친이라고 하는 것은 부모 형제 처 자식의 가족관계를 말한다.

6. 가벼운 정도의 내인성 우울증을 뜻하는데, 내적 우울함이 신체적 질환으로 전환되어 나타나는 상태다. 가장 높은 빈도로 신체적 자각증상이 나타나는 것은 숙면을 취할 수 없을 만큼 자주 깨는 것과 같은 수면장애다. 그 외에 식욕부진, 변비, 머리가 무거움, 두통, 어깨결림, 가슴의 압박감, 과도한 심장박동, 수족의 마비감, 전신의 피곤함, 목 마름, 체중감소, 월경불순 등으로 환자 자신도 신체적 질환으로 인식하여 정신과가 아닌 일반 진료과를 방문하는 경우가 많다. 경증이기에 정신병은 아니지만 내인성 우울증이므로 항우울제의 치료와 휴양이 필요하다.

[네이버 지식백과] 가면우울증 [masked depression, 假面憂鬱症] (상담학 사전, 2016. 01. 15., 김춘경, 이수연, 이윤주, 정종진, 최웅용)

7. 북두칠성(北斗七星)을 모양대로 일곱 개의 구멍을 뚫어 염습(殮襲)한 시신을 눕히기 위해 관(棺) 속 바닥에 까는 얇은 널판.

8. https://royaltombs.cha.go.kr 문화재청 궁능유적본부 누리집에서 발췌.

9. 중국 한나라 때 풍수지리학자 청오가 묘터를 정하는 데 필요한 사항을 정리한 책. 우리나라에는 1866년 간행된 1권 1책 목활자본이 규장각도서로 지정 보존되어 있다.

10. 우리 역사넷, 文化財管理局 편, 《韓國民俗綜合調査報告書 - 墓地風水篇 - 》(1989), 77쪽.

11. 우리 역사넷, 청오경과 양대산맥을 이루는 금낭경(錦囊經) 氣感篇 1. 奎章閣圖書(圖書番號 1741).

운명에 만약은 없다

2023년 11월 30일 초판 1쇄 | 2024년 1월 15일 6쇄 발행

지은이 노상진
펴낸이 박시형, 최세현 **편집인** 박숙정

책임편집 박숙정 **기획편집** 최현정, 정선우 **디자인** 전성연 **외주디자인** All designgroup
마케팅 양근모, 권금숙, 양봉호 **온라인마케팅** 신하은, 현나래, 최혜빈
디지털콘텐츠 김명래, 최은정, 김혜정 **해외기획** 우정민, 배혜림
경영지원 홍성택, 강신우 **제작** 이진영
펴낸곳 쌤앤파커스 **출판신고** 2006년 9월 25일 제406-2006-000210호
주소 서울시 마포구 월드컵북로 396 누리꿈스퀘어 비즈니스타워 18층
전화 02-6712-9800 **팩스** 02-6712-9810 **이메일** info@smpk.kr

ⓒ 방산 노상진 (저작권자와 맺은 특약에 따라 검인을 생략합니다)
ISBN 979-11-6534-846-5 (13190)

쌤앤파커스(Sam&Parkers)는 독자 여러분의 책에 관한 아이디어와 원고 투고를 설레는 마음으로 기다리고 있습니다.
책으로 엮기를 원하는 아이디어가 있으신 분은 이메일 book@smpk.kr로 간단한 개요와 취지, 연락처 등을 보내주세요.
머뭇거리지 말고 문을 두드리세요. 길이 열립니다.